超級開朗性教育「內褲教室」協會代表理事
野島那美　著
張佳雯　譯

媽媽，學校都沒有教我「ㄒㄧㄥˋ」

這樣引導孩子保護自己、尊重生命

〈前言〉

性教育，是「愛」，是「重要的知識」

到目前爲止，我以「超級開朗性教育（內褲教室）協會」代表理事的身分，已經與四千多位母親相遇，一起分享各種煩惱。

接觸過爲數眾多的孩子和家庭，我從中了解到一件事，那就是大家擔心的問題點「幾乎都一樣」。

說是這麼說啦，如果是其他類型的煩惱，像是「我的孩子不會背九九乘法表～」「他不敢吃青椒～」之類的，還可以找媽媽好友或是跟自己的老公商量。但是，有關「性」的話題，就很難啓齒了。事實上，很多人都暗自傷神「只有我家的孩子會這樣嗎？」

不只母親如此，孩子們也一樣。

從大人的角度來看覺得可笑的枝微末節，對孩子來說可能是想要尋死的嚴重煩惱。

現今不只是女孩，男孩也會成爲性犯罪或戀童癖下手的對象。不會出聲反抗，也不知道犯罪是何物、沒有受過性教育的孩子，就會成爲壞人眼中的目標。

有時候是孩子本身成爲加害者。

而且不光是性犯罪。

兒時無意間的性惡作劇，都可能給對方帶來難以彌補的傷害。

「我不希望自己的孩子變成那樣！」

如果你也這麼想，就是實施正確性教育的技巧與行動力的時候了。

沒問題的！

只要知道正確的教導方式，孩子們從父母親那裡得到的性教育，就會是一種「愛」與「重要的知識」。

孩子要了解生命的重要性，才會重視自己的生命。

孩子學會愛，才會對他人體貼。

你最珍愛的孩子，將從中學會關懷他人，也重視自己！

本書把所有想讓母親們知道的一切，包含性犯罪預防方法、性行爲與生命的誕生、孩子的心靈變化、立即可實施的性教育等，以簡明易懂的方式彙整成冊。

如果能對所有愛孩子的母親有所幫助，將是我莫大的榮幸。

【目　錄】

PART 3 問題都是來得又快又突然！

PART 4 來做性教育吧！先別緊張，在這之前……

PART 5 實踐！性教育

PART 6 母親給孩子的生命教育

PART 7 此時更該性教育！

PART 1

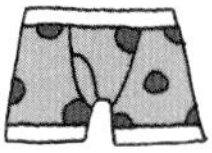

性教育百利無害！

1 「喂～讓我摸一下～」

「那邊有一隻可愛的小狗喔！」
「我迷路了，可以幫我帶路嗎？」
「喂～讓我摸你一下～」

如果你的孩子，在路上被陌生人這樣搭訕——光用想像的就不禁打個冷顫。你有沒有想過這個時候孩子會怎麼回答？

父母多半希望孩子會說：

「不要碰我！」

「爸爸媽媽說不可以跟別人走。」

可惜的是事與願違，會這樣回答的孩子並不多。「好像很好玩的樣子，一起去吧！」「如果你不認得路……」「給他摸一下沒有關係吧?!」孩子很容易就會跟著陌生人走。

究竟為什麼會這樣？這是因為小孩子完全沒有「危機意識」，他們完全無法想像：跟著走會到什麼地方、自己的身體被觸摸會發生什麼事。

2 性教育落後國

聯合國教科文組織在二〇〇九年發布的「國際性教育技術指導綱要」中，設定了「性教育的開始年齡」。各位認為會是幾歲呢？

答案竟然是「五歲」。此一指導綱要雖然沒有強制力，但仍舊對世界各國的教育有所影響。

那麼我們國家的狀況又是如何？

事實上，從國際觀點來看，亞洲先進國家竟都是讓人吃驚的「性教育落後國」。對於性教育，根本上是抱持著「不要沒事找事做」的抗拒心態，長久以來視為禁忌話題。

一九九〇年代開始，由於愛滋病蔓延，日本興起了空前的性教育風潮，一九九二年更被稱爲是「性教育元年」。但是不久後就遭到非難，結果還倒退到比性教育浪潮之前更慘的狀況。

很遺憾的，聯合國教科文組織的指導綱要只是徒有虛名，未被採納。

另一方面，日本還有「性產業先進國」之稱，這是多麼讓人羞愧！全球的成人影片有六成都產自日本，在便利商店的雜誌架上，爆乳的黃色書刊就堂而皇之地放在孩子視線所及之處。網路上小孩也能簡簡單單就接收到錯誤的性知識，而性侵兒童的新聞更是每天層出不窮。媽媽們一定也有因此感到不寒而慄的經驗吧！

我收到了很多媽媽的意見，多數都是充滿「想要保護孩子」的危機感。每一個母親都不希望心愛的孩子成爲性的受害者，當然也不願意孩子成爲加害者。那麼媽媽們究竟能做些什麼？

那就是「性教育」。

性教育能讓孩子了解「之後會發生什麼事」，當有陌生人說「有小狗喔」「讓我摸一下」，就能判斷「現在有危險！」能夠保護自己的身體。

又是放在這種小孩一眼就看到的高度……

3 最重要的事，學校沒有教！

「性教育就交給學校去教。」

「我也沒學過，還不是就這樣長大了。」

「好難啓齒，想請別人來教。」

這麼想的媽媽，還不少呢。

但可惜的是，孩子想要知道的、父母親想教的與學校能夠做的，事實上存在很大的隔閡。

在日本的公立學校，小學四年級才開始進行性教育（編按：台灣的情況則是將相關議題分階段納入十二年國教的「健康與體育」和「健康與護理」教科書。一到九年級的「健康與體育」課，授課時數一週二到四小時）。授課的時數各校不同，頂多只是一到三小時。只要學校指導要領中沒有提及的文句，有的中小學是會略過不教的，所以孩子在課堂上幾乎沒聽過「性」「避孕」

等字眼。

現今的孩子都很早熟，對性教育的課程內容既興奮又期待，但是他們上的卻只是讓小孩對「爲什麼會有小孩？」「什麼是性行爲？」更加迷糊的課程。

在小孩搞不清楚的狀態下，要是去請教「**網路老師**」會搜尋到什麼東西，不用幾秒鐘就能想像得到。

當然學校的老師在這方面都很努力，但有的性教育知識不足，或是要應付反對的家長、考量家庭型態的變化（單親家庭或隔代教養等）、學校指導綱要的制約等，困難重重。唯一能確定的是，想要縮短學校教育與孩子的眞實性教育之間的距離，還有漫漫長路要走。

4 性教育的三大優點

媽媽們都認爲「性教育」很重要，卻怎麼樣也踏不出第一步。究竟是爲什麼呢？

大人對於「性」這個字眼都有猥瑣印象，往往都把「性」＝「性產業」聯想在一起。這是性教育成爲禁忌話題的原因之一。

但是對於孩子而言，性一點也不下流。

「性」這個字的寫法是「豎心旁一個生」。「性教育」原本要傳達的是「生命誕生的奇蹟」「愛與被愛」「保護自己的身體」，然後要滿足孩子們對性純粹的好奇心，這才是所謂的「性教育」（編按：台灣有不少專家、老師主張，性教育是「品格教育」，是「全人教育」）。

媽媽們以這種方式進行性教育，就是給予孩子的人生三大珍寶。

① 提高自我認同感，成為愛自己，也能愛別人的人

②不會成為性犯罪的被害者或加害者

③避免青少年性經驗、懷孕、墮胎的風險

接著，就一個一個來談吧。

★優點① 性教育的真義！傳達雙親滿滿的愛

人生在世，難免會有個一、兩次的挫折經驗。小時候可能是課業或運動、交友問題，小孩子也確確實實對這些問題感到煩惱。隨著成長，可能接踵而來的是考試落榜、失戀、煩惱自己的外貌之類。在尋常生活中，也有不少十幾歲的孩子非常關注死亡話題，對於死亡有種莫名的憧憬，死亡成為平常生活的一部分，這也是十幾歲孩子的特徵。現實中，十幾歲的死因也以自殺居冠。追究其背景，可以說是缺乏自我認同。

大家知道嗎？相較於歐美的孩子，亞洲小孩的自我認同相對低落許多。

性教育 3大好處

為了讓孩子有個幸福光明的未來，適當地施以性教育吧！

像是被稱爲世界上最安全國家的日本，物質豐饒、衣食無缺。有著如此能讓孩子幸福生活的環境，雙親也應該都傾注了滿滿的愛，爲什麼還有那麼多孩子「不喜歡自己」呢？想到這裡，各位不覺得很悵然嗎？

性教育的第一個好處，就是可以把自己的愛傳達給孩子。

有不少人總是拙於表達，羞於說出「我喜歡你」「我愛你」。

這個時候就可以聊聊出生的話題——「你是好幾億萬個奇蹟下才誕生的」「爸爸媽媽都很期待你的到來」，像這樣談論生命的誕生，自然會充滿愛的語彙。孩子也會以滿心喜悅的表情聽媽媽說，切切實實的接收到「愛」，並轉化爲自己的能量。

能眞實感受到自己是在被期待下出生，感受到來自雙親的愛，這些都會成爲「愛的存款」，能增進自我認同。

受到母親生命教育、愛的教育的孩子，正因爲有很多「愛的存款」，即使有某個瞬間覺得「自己孤身一人」、萌生輕生的念頭，也不會實際付諸行動。

「我還有家人，我還有愛我的人。」

從小開始一點一滴累積愛的存款，能讓走偏的孩子回歸正途。提高自我認同，也會變得重視生命。在孩子心中的那份溫柔和體貼會漸漸成長茁壯。

母親抱著剛出生的孩子，心裡都是默默祈願「希望他能愛自己，也能愛別人」。只要母親不斷灌注這樣的意念，就能慢慢實現成眞。

還有一個好處！透過性教育培養孩子的自我認同，能構築出無話不談的親密親子關係。「無話不談」和「與孩子當朋友」是兩回事。正因爲無話不談、心靈契合，所以時而爭吵、時而歡笑，互相激勵擁抱，成爲有著深切情感羈絆的親子關係。

★優點② 性教育是防範教育

性犯罪是雙親最不希望發生在孩子身上，最具代表性的事件。你或許會認爲「我的孩子才不會……」，遺憾的是未滿十三歲的性犯罪案件，日本全國一年超過九百件（編按：根據台灣衛生福利部保護服務司統計資料，二〇一八年「兒童及少年性剝削通報被害」十五歲以下計有四百五十二人，其中男生五十五人，女生三百九十七人）。尤其是透過社群軟體而受害的孩子年年增加，不光是強制猥褻，兒童色情、自拍的裸照被散布到網路上，各種被害的情況不一而足。而且有些孩子根本沒有察覺到自己遭受了性犯罪行爲，而未能浮出檯面的案件，恐怕有五到十倍之多。

陌生人搭訕的危險性，出乎意料的經常在身邊發生，無怪乎學校都會一再地提醒小心可疑人物。陌生人搭訕事件的被害者中，中小學的學生占了八成，其中六成是女孩，有八成都是在路上發生。而「以孩童爲對象的性犯罪，六成是熟人所爲」更讓人怵目驚心。

我們會以爲性犯罪的被害者都是女生，但事實上男生也會受害。搭訕事件的受害者有六成是女生，也就是說四成是男生。男戀童癖的人數是個黑數，如果認爲「我家是男孩所以很放心」，那就有點危險了。常言道，性犯罪是心靈上的謀殺，對於精神上所造成的傷害難以估算。不論男孩或女孩，媽媽們都要積極的教導孩子保護自己、避免性犯罪。

孩子們都相信「我身邊沒有壞人！」爲了不讓孩子單純的心感到不安，

所以完全不想提性犯罪的話題，這也是父母親的一番苦心。但是，這豈不是等於把毫無防備的孩子，推到犯罪者的面前嗎？

孩子對於性犯罪相關知識一無所知，一旦在性方面遇到覺得「討厭」「奇怪？」的狀況，就會認爲「一定是誤會」「是我的錯」「我一定要忍耐」。

但是，**有受過媽媽性教育的孩子，能正確的判斷「自己遭受的待遇是不對的」，而會「找父母親商量」**。透過性教育知道「不論自己或別人，每個人的身體都有隱私且重要的部位」，並且學習到「因爲是重要的部位，所以被觸摸或去觸摸都不對」。

對孩子而言，了解「世界上有壞人」太過負面，但是我們可以換種方式，例如「假面騎士有好夥伴，也有壞蛋修卡。光之美少女有好朋友，也有邪惡組織。同樣的在這個世界上，對你好的人很多，但是也會有想要惡作劇做壞事的壞人。」通常孩子都能夠理解。

在擔心孩子成爲性犯罪的受害者之際，可能也有一些媽媽擔心的是，「萬一自己的孩子成爲性犯罪加害者，或是不知不覺中成爲加害者，該如

壞人「才不會戴墨鏡和帽子」給自己貼標籤。一般人也要留意！

何是好？」

所謂的「不知不覺成爲加害者」，是在沒有惡意的狀況下做出性方面讓人嫌惡的事情。

例如，去脫朋友的褲子、去掀別人的裙子、強吻、襲胸等。在幼兒期很容易發生類似的事件，而遭受如此對待的人，很可能會因此留下心靈創傷。

性教育是學習「自己和別人的身體，都有私密且重要的部位」，正確了解「不可以對別人做出××行爲」培養同理心。所以，**接受性教育的孩子，不太會成為性犯罪的加害者，或是不知不覺的加害者**。

★優點③　性教育守護孩子充滿夢想的未來

父母親一定不希望孩子年紀輕輕就懷孕、墮胎——「我們家孩子……不會、才不會這樣。」

但是，**「當父母親覺得『還早』的時候，其實『已經太遲了』。」**

媽媽們請回想一下；國高中的時候，性經驗是不是一種身分表徵？大家會對有性經驗的人抱以羨慕的眼光，形成一種「有經驗的人比較酷」的階級概念。在這種微妙的氣氛下，悄悄萌生出「我果然還是對性有點好奇」的心情，大家或多或少都有過這種時期吧？

孩子們一進入青春期，就一心認爲「越早有性經驗越好」，爲此而心煩意亂。而這樣的年齡層，已經遠比我們的年代更爲低齡化。孩子們往往會有焦慮的心情、不安的情緒，這個時候如果媽媽們能跟孩子說：「現在沒有經驗也沒什麼大不了。」那他們應該會鬆一口氣。

性教育除了重視性行爲的含意與重要性外，也要告訴孩子伴隨而來的壞處與風險。**讓孩子理解「為什麼現在不能發生性行為」，他們才會擺脫以好奇為本位的性行為。**

年紀輕輕就意外懷孕、墮胎，只會讓孩子原本忙於交友關係、學業、興趣、社團活動、夢想、未來計畫的青春時代，瞬間崩壞。

寶寶的誕生原本是件喜事，但是若提早了十年，在十幾歲的時候生育，本來應該是幸福象徵的新生命，很可能會變成一場夢魘。遺憾的是，發生這種狀況的機率非常高。

要是墮胎的話，又會在心裡留下一輩子的傷痛。

如果事先知道，就可以預防——如果有人可以教我，就不會變得這麼慘——各位應該都不想讓孩子有這樣的經驗吧？

爲了讓孩子每一天都能盡情地追求自己的目標和夢想，媽媽們現在就透過性教育來予以支援吧！

5 性教育有壞處嗎？

話雖如此，很多母親還是對於給自己的孩子傳授性教育一事躊躇猶疑。

「萬一接觸性教育後學到各種字彙，然後在外面大肆宣揚怎麼辦？」

「會不會反而對性過度關心而太早熟？」

很多人都會擔心上述這兩點。

★沒有受過性教育的孩子才會大肆宣揚

性教育的過程是學習「自己和別人都有私密且重要的部位」。後面我會再詳述，徹底的教大家認識所謂「泳裝範圍」的區域。

在學校會有孩子亂開玩笑問：「老師，你有性經驗嗎？」

爲什麼會這樣說呢？

理由很單純。

他不知道關於「泳裝範圍」的話題會對別人造成傷害。

例如，小男生在大庭廣衆之下掏出小雞雞來引人注目，也是因爲他不懂「泳裝範圍」給別人看的行爲，會讓人感到嫌惡。

有接受性教育的孩子，知道泳裝範圍的重要性。因此不會拿性的話題

來亂開玩笑，也不會裸露泳裝範圍。會有這些舉動的孩子，是因爲不知道什麼是泳裝範圍，也就是沒有受過性教育。

開始進行性教育時，就跟孩子約定「關於泳裝範圍有任何問題或不懂的事情，全部都來問媽媽。」這樣一來，孩子就不會對身邊的成人抱有下流的印象，也不會拿讓人語塞的問題去問別人。

★用性知識守護孩子

「性教育會讓孩子過於早熟。」

這是反對性教育的大人最經典的說詞。

但是，**「正確的知識才能保護孩子」**實際上再明確不過。

日本性教育學會的調查顯示「幼年期受過正確的性教育，初次性經驗的年齡較晚」「性教育具有預防意外懷孕的效果」。十多歲孩子墮胎問題嚴峻的秋田縣，在二〇〇〇年初開始進行國高中性教育，二〇一一年度墮胎率已成功下降到原本的三分之一。

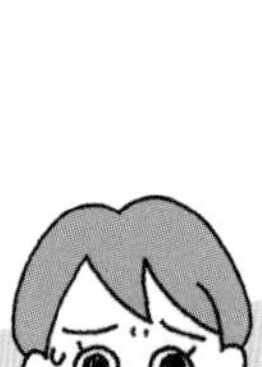

性教育絕對只有好處！

我可以斷言！

性教育毋寧是讓孩子學習尊重生命、增進情感、培養同理心的「愛的連結」。

性教育絕對「百利而無一害」。

而這一切都可以不假他人，由媽媽自己完成，不覺得很有吸引力嗎？

PART

2

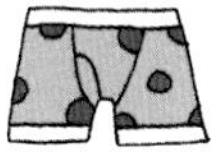

性教育應該在三到十歲實施！

1 孩子是製造「捷徑」的天才

孩提時「在秘密基地看黃色書刊」或是「偷看兄弟姊妹私藏的Ａ片」的經驗，相信媽媽們也曾有過吧！

潘朵拉的盒子終於到手，一點一點揭開神秘面紗的時候，一定是心跳加速、興奮不已。

但是現在已經不是那種時代了！潘朵拉的盒子不再遙遠，跟巧克力盒子一樣，在孩子身邊就有好幾個，隨時都可以輕易開啓!!

出生於網路時代的孩子們，只要動動手指，就連三歲小孩都能看到猥褻圖片或影片。小學生幾乎人手一支智慧型手機，把感興趣的詞語輸入搜尋網，就能找到相關圖片和影片。想要避免孩子接觸到性相關資訊，根本是不可能的事情。

而且這些不全然都是正確的資訊。

危險的是，孩子就像雛鳥認親一般，會將初次接觸的性資訊奉爲圭臬。

正因爲如此，雙親的關心介入更顯得重要了。

如果孩子表示「想要一個人去海邊！」媽媽會怎麼說呢？因爲擔心會溺水，所以可能會回答「不可以去海邊」。那，改說想去河邊呢？應該還是會答「也不能去河邊」。既不能去海邊，也不能去河邊，孩子接下來會採取的行動，就是避人耳目，偷偷跑到圍網破了小洞的池塘，然後跳進沒人看守的水池裡。

孩子是發現捷徑的天才。所以，**如果不希望他溺水，就一定要教他學會「游泳」**。

性教育也一樣。不是說不想讓孩子害怕或受傷害，而是要讓他知道什麼是性、什麼是性犯罪、什麼才是正確，什麼又是錯誤的？如果沒有教他這些，孩子就會在錯誤的資訊中溺水。

順道一提，孩子毫無心眼的使用網路，途中發現猥褻的資訊而「想要看看接下來有什麼！」於是按了滑鼠點閱，這是很自然的反應，其他的孩子也會這麼做，請不要擔心。

但是，面對這個三歲小孩都能輕易接觸網路的時代，希望父母親都能在孩子發現捷徑之前，就先告訴他們正確的性觀念。

2 性教育從三歲開始

那麼具體而言，幾歲要開始進行性教育呢？

我認爲應該在能夠大方接受性話題和雙親的愛的年齡——「三歲到十歲」進行。

三歲到十歲，也是最喜歡「便便、尿尿、ㄋㄟㄋㄟ」的年齡！「大便故事繪本」會蔚爲流行、動畫《蠟筆小新》會成爲連播二十五年的長壽節目，就是最好的證據。

近來幼兒之間很流行「啊～啊～善良的麵包超人是香腸、肉球、壽司豆皮」的改編歌曲！而小學低年級的孩子則把關鍵台詞改成「皮剝掉就是雞雞武士！」（笑）

無意間就看到了色情動畫……
這其實是「很常見」的事！

看起來簡直是黃色笑話大集結，但是這個年紀的孩子單純只覺得有趣，一點猥褻的感覺都沒有。

在三到五歲之間，有八成的孩子會詢問父母有關「生命源起」的問題，也就是「怎麼樣會生出小孩？」這種單刀直入的問題。

另一方面，超過十歲之後，孩子的心態也有所成長，不再覺得「便便、尿尿、ㄋㄟㄋㄟ」很有趣。一起洗澡、一起睡覺、一起出門的習慣會慢慢消失，能夠談論性話題的機會也大大減少。正因爲三到十歲是黃色笑話的全盛時期，所以借力使力談論性話題才更重要。

從精神分析學創始者佛洛伊德研究出來的發展階段來看，三到十歲也是性教育的適齡期。

根據佛洛伊德的學說，經過從母乳等獲取營養而得到快感的「口腔期」，到了幼兒期會進入「肛門期」。肛門期，是指經由肛門排泄而得到成就感，可以順利進行大小便訓練的時期。然後從幼稚園到上小學之前則是「性器期」，這個時期的男孩會意識到小雞雞的存在，而女孩會注意到自己沒有。男孩會碰觸自己的小雞雞，或是拉長包皮，顯示出對生殖器官

孩子真的很喜歡這些～。
別擔心，不是只有你的孩子是這樣！

興趣盎然。經常會有小男孩的母親跑來跟我討論「我家小孩一直在摸小雞雞……」，這正是此一時期的特徵。

在孩子對自己的身體很感興趣的肛門期、性器期，媽媽們更應該多多關心！

「尿尿的時候小雞雞會變得怎麼樣？」「上完廁所要把小妹妹（一般人對女性生殖器的暱稱）擦乾淨喔。」「平常要把小雞雞和小屁屁都藏在內褲裡喔。因爲這是很重要的部位，只有在上廁所的時候才能露出來。」「自己的重要部位要自己洗。」

藉由不斷的接觸傳達，小孩在耳濡目染下也會自然而然的接受性的話題。

3 性教育的回饋

實際上開始進行性教育時，會有突然發現「咦？他好像有把我的話聽進去了！」的瞬間。下面為大家介紹幾個實例。

★ 六歲的男孩

媽媽我的生理期來的時候會說，「媽媽你很不舒服喔，今天你要好好休息呦。以後我娶老婆也要對她很好！」我才深切反省以前生理期時不應該瞞著兒子。

★ 七歲的女孩

女兒平常回話都是冷冷淡淡的，但是進行性教育之後，卻哭著跟我說，

「全世界我最喜歡的人就是媽媽！謝謝你把我生下來！」讓我體驗到前所未有的感動。

★十二歲的男孩

某一天孩子突然跟我說，「媽媽，謝謝你給我性教育，書啦影片啦那些都幫我留下來。將來我生了孩子，也要好好教他。」我深切感受到孩子成長爲一個有擔當的人了。

我收到很多這類令人欣慰的回響。

透過從幼兒時開始的性教育，一起分享溫暖與深刻感動的親子時光吧。

4 青春期才教，就太遲了

儘管覺得「性教育的適齡期是三到十歲很有道理」，但是媽媽們難免擔心「在青春期之前就談這些話題，會不會太早了一點？」

不過，請回想一下。

你自己的青春期，例如國中的時候，每天是過著怎樣的生活？開心的跟朋友混在一起、從早到晚忙社團，每天都忙進忙出，根本沒有時間坐在客廳好好的跟爸媽聊天吧。

比起過去，現在的孩子更忙，很多人不只平日、週末，連暑假都要上補習班，學的東西也十分多樣化。和媽媽們的青春期相比，與父母親相處的時間至少減少十倍。

而且在心態上，這個時期的特徵就是孩子會漸漸覺得父母親「很囉唆」。這種心情，是他們正想要離開父母獨立自主，心靈正在成長的證明。

但是同時也會變成父母的話都聽不進去，媽媽們常要煩惱怎麼跟孩子相處。

在青春期才開始談「所謂的性行爲」「你知道什麼是保險套嗎？」之類的話題，很抱歉，這會讓孩子覺得「你好噁心」。**孩子已經不願意從雙親那邊接受性教育了！**

媽媽很賣力的想要談論「保護自己」的話題，孩子卻置若罔聞。媽媽用心良苦，孩子卻不領情，心裡一定滿是挫折沮喪。

爲了不要讓事態演變至此，請在青春期來臨之前就進行性教育。幼年期進行性教育，能夠強化親子信任關係，這種信任感在育兒上有全面性的加分作用。

有了信任感，媽媽就能安心守護孩子。孩子成長階段要越過重重障礙，有了信任關係，在遭逢困境的時候才會尋求父母親的幫助，說不定還會跟你分享「我有喜歡的人」的好消息。

5 男孩更應該受性教育

「男生不需要什麼性教育啦！」

事實上現在（尤其是爸爸！）還存有這樣的想法。

「不用教他自然會知道」的想法更糟糕。我還聽過「男生看 A 片學就好了，不要管他！」之類很亂來的意見。

男孩如果放任不管，孩子就會把隨手可得的性愛資訊當成教科書，建立自己的價值觀。崇拜「巨屌」、模仿強姦式性愛……之所以如此，是因爲沒有人教過他們什麼是好、什麼是壞、什麼是正常、什麼是不正常。

所以，**男孩更應該深入進行性教育**。

★小雞雞是自我認同的象徵

如果要舉出男性三大煩惱，「陰莖尺寸」絕對是其中之一。事實上爲

此煩惱的孩子也很多。

不時會聽到五歲的小男孩跟母親哭訴「我的小雞雞太小怎麼辦」；或是上小學的時候，一副受傷的神情說「今天六年級的學長說我的雞雞很小。」

以往三代同堂的大家族群居年代，男孩子會頻繁的看到祖父輩、父執輩、兄長輩的生殖器，但是現在幾乎沒有這種機會。相對的成人影片或是網路上卻流竄著「陽具越大越好！」的資訊。在媽媽的眼中看來是莫名其妙的煩惱，男孩子卻會很認眞的憂心自己的陰莖大小。

性是生存的基礎。對男孩子來說，**小雞雞可以說是「自我認同感的核心」**。如果對此存有自卑情結，那想要提高自我認同便難上加難。

因此男孩要透過性教育，給予讚美**「小雞雞是你的重要部位，不需要跟別人比較」「你的小雞雞很棒！」**（絕對不可以稱讚「好大喔」～）然後教導他「男孩子長大後男性荷爾蒙分泌增加，體格也會變得結實，胸膛會變厚。你的小雞雞也會變得像哥哥或爸爸那樣。」

只要孩子能察覺到，身高一百一十公分的自己，和身高一百六十公分

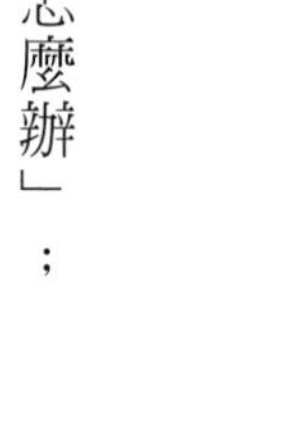

的哥哥「小雞雞不可能一樣大」，就能消除不安，守住自我認同感。

我曾經在泌尿科工作過，迄今看過幾千個小雞雞，不是因人而異，而是因屌而異。不論大小、形狀、顏色，真的非常多樣化，沒有一個是相同的。順道一提，以醫學的角度來說，勃起只要有小指的長度，相當於十公分左右，就可以生小孩。所以去爭論陰莖大小是沒常識的表現！

★親子學自慰

男孩的性教育，也不能忽略自慰的部分。

進入青春期的男孩，會藉由射精具體的意識到性欲。從能夠射精的那一刻開始，就表示他擁有和成人相同的機能，性欲也就此升高，到十幾歲後期來到巔峰。但是這種衝動應該是很難啓齒的。

另一方面，媽媽們也一樣。那麼可愛的兒子終於要轉大人，該怎麼跟他相處才好，心裡也有很多的不安。

從「射精就代表你會製造精液」「有精液就是大人的象徵」開始，到

隱瞞不說明生理期，出門時就會發生這種慘劇！
小男孩的「生理期趣聞」還真是各式各樣呢。

「想要自慰是很正常的事情喔！」「每天自慰也沒關係，但是要知道怎麼清理乾淨」等等，從小就要以正面的態度教導孩子自慰，然後也要好好告訴他「自慰不能給別人看」。

據悉現在的孩子，很多對自慰還是存有罪惡感。但是自慰是射精的練習，也是爲了將來生育做準備。平常做這件事很理所當然，也很健康。媽媽們，要讓孩子有正確的心態！

★沒有必要隱瞞生理期

「我在生理期的時候絕對不會跟兒子一起洗澡。」有的媽媽會這樣說。但是我認爲**讓孩子看到經血，也是很重要的性教育**。

「媽媽的身體裡面有可以製造小寶寶的卵子，是有生命的卵子喔。但是因爲沒有變成小寶寶，所以就會變成血流出體外。」

請這樣充滿感情地正確傳達，孩子會比你想像中更能接受。

6 無法一蹴可幾

想要「給孩子性教育！」的情緒是不是越來越高漲了呢？一定也有媽媽興致高昂的躍躍欲試「性這個字的意思，就讓媽媽來教你！」

雖然我很高興看到這樣的發展，但是性教育的鐵則是，要一步一步循序漸進。因爲要是跑得太快，會把還不能教的知識也傳給了孩子。

爲了達成媽媽最煩惱的目標「和孩子談性」，請先從遵守「三個原則」開始，打好穩固的基礎。

★原則① 去除「性＝羞恥」的觀念

如同前面提到的，大人一提到「性」，就會聯想到性產業，因此往往認爲「性教育很羞恥」，實際上會覺得羞恥的只有大人而已。對孩子來說，性所追求的是「生命的誕生」「愛」「保護自己」。所以，現在就拋開「羞恥」的觀念吧！

★原則②　堂而皇之的說出性器官的名字

無法說出性器官的名字，就無法進行性的話題。很多媽媽都無法開口說出「陰莖」或「小雞雞」之類的字眼。如果陰莖都說不出口，也沒辦法說出「把陰莖放入陰道中」了。

★原則③　了解生理期和射精

即使長大成人，還是有很多人無法說明生理期、射精的機制是什麼，體內到底發生什麼變化。如果跳過生理期、射精的說明，就沒辦法跟孩子說明生命如何誕生。細節將於ＰＡＲＴ５做介紹。

性是創造生命的科學。因此建議從開朗、快樂的話題下手。

改編孩子最喜歡的歌曲，跟孩子一起唱，也是不錯的方法。

「小雞雞～它的本名是陰莖～可是害羞的它說自己是小雞雞～好帥喔！小雞雞。」像這樣不是很可愛嗎？小孩子一定也會很開心。

媽媽能輕鬆的說出性的關鍵字，孩子和媽媽可以一起度過開朗快樂的時光，也就能漸漸接受性是正面健康的東西。

PART 3

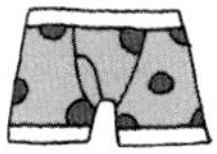

問題都是來得又快又突然！

1 為什麼會有小寶寶？

「媽媽？為什麼會有小寶寶？」

某一天如果媽媽被孩子這麼一問，你回答得出來嗎？

如同前面的篇章所述，生命的誕生這種問題，事實上有八成的小孩在五歲之前都會向雙親提問。

面對孩子的提問，很多媽媽會陷入思考「我們家寶貝是不是太早熟？」「是不是覺得我不夠愛他才會這樣問？」「我是不是沒有把小孩教好？」其實一點關係都沒有！

孩子會對生命的起源感興趣是與生俱來的，而會向父母詢問，是出於信任。你應該更有自信，因爲孩子教得好才會這樣問！這是值得開心的事。

孩子關心生命誕生，也就是對自己的存在感到興趣。孩子想要藉由了解自己生命的起源，找到生存的意義。

如果沒有性行爲，我們所有的人就不會出現在這世上，也不會有眼前這個孩子。所以雙親更不應該視生命起源的話題爲禁忌。就把生命源起的話題，以感性的方式傳達吧。

如果視其爲禁忌，會動搖孩子的人生基礎。因爲「性」就是「生而爲人的主軸」，一旦基礎被動搖，就不會認爲自己是有價值的人，也可能因爲寂寞就隨隨便便尋求性行爲的慰藉。

面對「為什麼會有小寶寶？」的問題，就不要打迷糊仗，好好的回答吧！即使答案有點錯誤也沒關係。看到爸媽努力回答問題的樣子，孩子們也會有「被重視」的感覺而感到滿足。母親的關愛與認眞能讓孩子生命基礎更加穩固，是建立無話不談親子關係的第一步。

2 趣味和NG回答集

爲了做好準備，某一天孩子突如其來的「爲什麼會有小寶寶？」提問，就先來介紹一下媽媽們經常口誤的趣味和NG回答！

① 送子鳥送來的

② 從高麗菜田找到的

③ 河邊撿來的

其他回答「在橋下撿到的」「宅急便送來的」也不少（笑）。回答「轉扭蛋轉到的」的媽媽，苦笑著說：「每次孩子看到扭蛋機就會說『沒有小寶寶啊』，就覺得這回答眞是失策。」

雖然答案很無厘頭，但是對於媽媽們如此勇於挑戰的表現，還是要拍手鼓勵！

完全誤解「不要模糊焦點」的意思了（笑）！

④ **你不需要知道**

這是多數人會有的反應之一，其他諸如「沉默」「否定」「逃避」的反應也很多。在沒有任何心理準備之下被這麼一問，心裡一驚、答不出來也是莫可奈何。

但是千萬不可以嚴詞拒絕！如果親子之間**「性的話題是禁忌」**，將會產生莫大的鴻溝。

3 嚇一跳！此時的「魔法語彙」

孩子會丟出各種問題，不局限於「爲什麼有小寶寶？」所以被問到「什麼是陰蒂？」「什麼是處女？」也不足爲奇。我自己也有過這種讓人害羞的經驗。

在我還是小學生的時候，不懂當時很流行的歌曲〈MANPY的G★SPOT〉（譯註：流行樂團南方之星於一九九五年發行的單曲，歌詞內容相當大膽情色），所以就跑去問讀國中的哥哥。結果哥哥滿臉通紅，不發一語的默默離開了。

糟了！我問錯人了!!

看到哥哥的臉色，那一瞬間我察覺到這關乎著「色色」話題，之後有好一陣子我都覺得很丟臉（笑）。

同樣的，孩子是因爲不知道才問的，所以這時候大人脫口說出「喂～這問題也太難……」也不奇怪。

事實上，這時候有個非常好用的**「魔法語彙」**。

那就是——

「真是個好問題！」

在驚嚇之餘，好好的深呼吸這樣回答吧！

爲什麼這是魔法語彙呢？理由有三個。

第一個是，「可以掩飾媽媽受驚的表情」。

第二個是，「讓孩子覺得被尊重」。

第三個是，「把焦點集中於為什麼會這樣想」。

例如，孩子從幼稚園放學回來就問：「爲什麼會有小寶寶？」其實有可能是好朋友有了小妹妹或小弟弟，所以才很高興地問。如果問了「小寶寶是從什麼地方生出來的？」可能是把剖腹產聽成「切開肚子」，覺得很可怕。問「什麼是處女？」有可能是偷偷看了網路圖片或是動畫。問起「我的小雞雞會變大嗎？」可能是有人說了什麼讓他不舒服的話，或是有人對他惡作劇。

藉由「這個問題很好。爲什麼你想知道呢？」來引導，可以初步了解孩子詢問「爲什麼」的背後原因。

了解「爲什麼？」就能回答孩子想要的答案，教他們什麼是錯的，並進行必要的處置。

如果回答不出來也沒關係，那就加一句「媽媽要查一下，之後再告訴你。」但是！孩子感興趣的事情會不斷轉移，母親準備回答的時候，或許他們早就忘記曾經提問（笑）。此時不要說「反正你都忘了，算了」，而

真的是冷不防。你也有可能今晚就會被問到！

要說「之前你有問過吧？」

4 請記得「機會只有一次」

爲什麼魔法語彙這麼重要？

因爲，**事實上性的話題是，機會只有一次，錯過就沒有了**。

孩子非常敏感，雙親疑惑的表情是無法逃過他的雙眼的。孩提時期跟父母親一起看電視的時候，如果出現親密畫面，家裡就像北極一樣瞬間凍結。各位應該都有過這種經驗吧?!當場就像被緊箍咒給困住動彈不得一樣……（笑）。「我也必須假裝若無其事」「原來爸媽很討厭這種狀況」「這是不能問的事喔」大家一定都有所察覺吧。前面提過〈MANPY的G★SPOT〉的情況也是如此。猶記得當時看到哥哥的表情之後，就下定決心再也不問哥哥有關性的問題！

同樣的，當詢問到性相關的問題，父母親沉默以對，視爲禁忌話題，那孩子一定會認爲「不能問」。

另外，如果是以「那種事你不用知道」加以拒絕，孩子會認爲自己被父母親討厭、惹爸媽生氣，心靈和嘴巴都會同時緊閉。感受到這種氣氛的孩子，也就不會再詢問雙親有關性的問題了，應該是說「不敢問」。性是人類的根源，相較於其他話題，若在這方面被雙親拒絕、不被接受的話，受到的震撼會更大。

如果孩子不能問父母，那他會去問的就是衆所周知的「網路老師」！結果會是如何呢？想必你已經了然於心。

5 突然被問時，可以這樣回答

那麼就來談談我自己是怎麼回答「爲什麼會有小寶寶？」的問題吧。

★問題① 小寶寶從哪裡生出來的？

首先問問孩子「你認爲男人和女人，哪一個會生出小寶寶？」孩子可能會回答「男人！」「兩個都會！」。如果是回答「女人」，那就要好好的讚美他「沒錯，是女人喔！你懂得很多呢！」

——「女人的性器官有三個洞洞：尿尿的洞洞、生小孩的洞洞、大便的洞洞，總共三個。生小寶寶的洞洞稱爲陰道，是只有女孩和女人才有喔！小寶寶就是從那裡生出來的。」

★問題② 小寶寶是怎麼來的？

回答這個問題時，請一定要反問「那你覺得是怎麼來的？」通常都會聽到孩子們很可愛的答案喔！「是喔~是喔~」在一邊聆聽的同時，「好可愛喔，原來是這樣來的啊。」的說詞也會讓媽媽冷靜下來。然後，先好好吸一口氣，開始回答吧。

——「小寶寶是男人的小雞雞進到女人的小妹妹裡製造出來的。男人的小雞雞裡面的精子，跑到女人身體裡的卵子裡頭，就變成小寶寶了。」「小雞雞進入小妹妹裡面……」這番話，孩子很難理解，但是請不要模糊焦點，好好說明才是最好的方式。

不過大概過個三個月，孩子就會忘記那些內容（笑）。所以可以換個說法，多說幾次。

例如「你知道小雞雞爲什麼會變硬？那是因爲精子接觸到空氣就會死翹翹，爲了要能跑到接近卵子的地方，小雞雞就會變硬，這樣比較容易進入陰道喔。」

PART

4

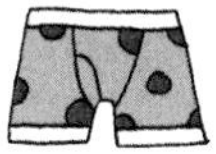

來做性教育吧！先別緊張，在這之前……

1 媽媽們，勇敢挑戰！～年齡別的反應與應對～

「好！來做性教育！」媽媽們如此下定決心時，臉上還是會顯露出小小的不安，躊躇著「我的小孩會有什麼反應？」很擔心孩子的反應——「我這麼努力的解說，他會不會反而覺得很噁心？」「如果他不想聽怎麼辦？」雙親也是會害怕被孩子拒絕的。面對這樣的忐忑，只要事先準備就沒問題了。

接下來就來介紹**談論性話題的時候，面對不同年齡的孩子媽媽該如何應對？**

★三到六歲——「感動期」

「哇！」「再多跟我說一點！」興奮之情溢於言表，是反應最可愛的一個時期。在進行生命教育後，甚至會說「謝謝你把我生下來」「世界上

我最愛的人就是媽媽了」。媽媽會從孩子那裡得到滿滿的幸福感，所以更可以快樂地進行性教育，養兒育女的動力也更堅定了。

★七到九歲——「無反應期」

到了這個年紀突然態度一百八十度轉變，只會淡淡的回一句「嗯」。這並不是教導方式不佳，而是他們同時對很多事情感興趣，無法集中在單一事件上。

例如，在聊性的話題時，媽媽可能還沉浸在「終於跨過了那個門檻！」的感動中，結果小孩馬上就打開電視，或是開始玩起電動、跑去冰箱拿冰淇淋……（笑）。

這個時期的孩子感興趣的時候，自然會想聽你說。所以不要急，要有耐心，就配合孩子的步調來教。還有，這個年齡的孩子即使「想要多知道一點！」也會扭捏不敢問，所以要注意孩子的細微反應。

★十歲以後——「噁心、囉嗦期」

父母親只要談到這方面的話題，就會被說「噁心、囉嗦」，已經到了拒絕的時期。

實際上，「噁心」「囉嗦」是十一歲小孩經常用來表示「好，我知道了」的回答。媽媽們請不要因此打退堂鼓，把它當作是「好」「我了解了」的意思就好。性教育的重點是，要「簡短」而持續地進行。

「簡短」很重要。這時期的孩子理解力更好了，所以很可能會想要表達意見，是一個心情上想脫離雙親獨立的時期。就算知道很重要，喋喋不休的說明孩子是不會開心聽你講的。

爲了讓他們能確實感受到媽媽那份「我很重視你」的眞摯心意，請別忘了盡量「簡短」。

了解不同時期可能有的反應，就能順利的一步步實行！

★青春期——「不屑期」

這是一個連對母親都會有反抗情緒的時期。媽媽好不容易鼓起勇氣想談談，孩子也會擺出一副「這個話題恕不奉陪」的姿態。這麼一來，媽媽會感覺眼前像是矗立了一道比喜馬拉雅山還要高的牆！懷念起以前大喊著「大便、尿尿、ㄋㄟㄋㄟ」的幼齡兒。

孩子如果有過被雙親拒絕的經驗，就不會再有下一步。媽媽也一樣，被孩子拒絕之後，也無法再前進。果然還是不要錯過三到十歲的性教育適齡期較好。

2 克服三個最重要的字眼！

那麼接下來就要開始進行準備動作了。

準備好了嗎？——請你跟我這樣說——

陰莖！

陰道！

性行為!!

你可以從嘴裡說出這幾個詞彙嗎？

正如在「三個原則」裡提到的，性教育一定要說出性器官的名稱。所以，就先從能好好說出這三個詞彙開始吧。

無法說出口的人，是因爲感到不好意思。而破除羞恥感最快的方式，就是「習慣」。現在就馬上複誦三十遍！一邊吸地板一邊唸、一邊洗碗一邊唸、一邊曬衣服一邊唸，喃喃自語也可以，養成睡前的習慣也不錯喔。

這樣持續一個星期後，幾乎就不會感到不好意思了。一個月過後，當你說「陰莖和陰道」時，就會像是在說「雞蛋和湯勺」那樣稀鬆平常了（笑）。

在我們家，我會跟正在洗澡的女兒說：「你要按照尿道口、陰道、肛門的順序清洗。」我們彼此已經很習慣「陰道」這個字眼，孩子們清楚知道女人身體有三個洞洞，而且各自不同。

爲什麼我這麼希望大家能練習到可以說出口呢？

因爲在談論到「性行爲」時，才能夠繼續接下來的各種話題——「你是在這麼備受關愛的狀況下出生的喔！」「生命很重要」「我不希望你成爲性犯罪的被害者或是加害者」。**我們對孩子的愛與想要保護他們的心意，可以超越「性」的字眼，傳達給他們。**

請放心！孩子們對於母親的任何說詞都能坦然接受。

對於這三個詞彙，你也可以改變說法，像是把「陰莖」說成「小雞雞」或「小弟弟」，親子之間可以選擇對雙方來說最方便的用詞。

熟悉基本的三個詞彙之後，接下來可以幫女性性器官取個暱稱。雖然常用「小屁屁」來代稱，但是男生女生都有小屁屁，所以不太適合用在性教育上。常聽到的用法有小公主、小妹妹、小蜜桃、小花、饅頭……反正都要取暱稱，就選個可愛一點的吧！

3 活用昆蟲與動物，突破性教育的障礙！

有很多媽媽即使敢說出「性行爲」這個詞彙，但是想到要跟孩子說明這件事仍感覺窒礙難行。有這種煩惱的媽媽們，建議先試著在談論昆蟲和動物的話題中，加入性教育。孩子們通常都喜歡昆蟲和動物，而生命的繁衍，不論人類、動物、昆蟲都一樣。因此可以大方的和性教育做連結，下面就爲大家介紹幾個例子。

★ 出生就是龐然大物的大象寶寶

——大象的身軀非常巨大呢！大象寶寶也跟爸媽一樣，一出生就是龐然大物。

爲什麼要長這麼大才生出來呢？那是因爲一生下來小象就要會用自己的腳站立，才能在這個嚴酷的自然界生存下去。在自然界，弱小的動物會被其他肉食動物攻擊吃掉。

母象當然不願意自己寶貝的小象被吃掉，所以爲了讓寶寶更能保護自己，會盡可能的讓牠在肚子裡長大一點再生出來。象爸爸和象媽媽交配、受精之後，小象會住在象媽媽的肚子兩年之久。那○○你知道你在媽媽的肚子裡待多久嗎？你在媽媽的肚子裡大概有九個月喔！很感謝你健健康康的生出來，也平平安安的長大。

★變男變女的小丑魚

——小丑魚是很厲害的魚喔！小丑魚小時候不是公的，也不是母的，很不可思議吧！長大之後爲了生更多小魚，魚群中只有體型最大的那一隻會變成母魚，第二大的會變成公魚。假如母魚死了，那第二大的小丑魚爲了生小魚，就會變成母魚。人也一樣，有些人長大之後也會覺得自己其實不是男生或者不是女生，也會有女生喜歡女生、男生喜歡男生的狀況。能自由喜歡一個人是很棒的。如果你也喜歡跟你同樣性別的人，或是想要變

成不同性別的人，只要你覺得活得像你自己，媽媽都會很開心，你一定要記住這一點。

★ 產奶的牛

——牛奶是乳牛的奶。哪一種牛會產奶呢？公牛嗎？還是母牛？你小時候就是喝媽媽的奶長大的喔！那會有奶水的是哪種牛呢？對！會產牛奶的是母牛。

獅子、貓熊、獨角仙、蜻蜓……每一種生物都各自上演著生命誕生的劇碼。仔細查詢一下孩子喜歡的動物、昆蟲如何誕生，以及有趣的生態，好好與孩子聊一聊吧。

4 繪本和漫畫是最強的說帖

在準備進行性教育，遇到有想要告訴孩子的事情時，媽媽最強而有力的說帖就是繪本。

很多媽媽對於一開始要進行性教育都會有所遲疑，連拿繪本給孩子看也很猶豫，因爲會擔心「讓他們看眞的好嗎？」「會不會變成色色的小孩？」「會不會感覺有趣而去做性行爲？」可能是因爲圖畫的關係容易讓人產生這樣的印象吧。

不過，性教育專家們是站在孩子的觀點，爲他們設想而繪製了繪本的。所以相關的繪本並不會有不堪入目的內容！

請和孩子一起共讀性教育繪本吧！在共讀的時候，一定會唸出表示性器官的詞彙，也會一起看裸體男生和女生相擁的圖畫。但是會爲此感到不好意思的就只有媽媽而已，小孩子反而會很坦率的纏著你想要多聽多看好幾遍！

比繪本更重要的是看完之後的對談。「你就是這樣被生出來的喔！很感謝你誕生在這個世界上。」「你的小雞雞裡面有生命的種子喔！要好好愛護。」「對女生溫柔的男生最帥。你也要成爲體貼的男生喔！」請媽媽把好觀念藉由繪本一起傳達出去。

小學三、四年級，比較建議一起看性教育漫畫。現在的孩子比較少看文字，突然給他一本書，他可能會不知道從何讀起。漫畫比較平易近人，父母親也很容易取得。

但是，不論繪本或是漫畫，有件事一定要注意，那就是**不能「給了就不管」**。如果只是讓孩子自己看，那就跟給他一本色情書刊沒兩樣。孩子並不會像雙親所想的那樣閱讀裡面的內容，說不定只會一直看著自慰的那幾頁……

而且，父母親也必須先閱讀過書籍內容。先了解書中有哪些資訊，接著推演一下自己藉此想要傳達什麼想法和價值觀，想讓孩子從中獲得什麼，這些事都要好好思考。

對於孩子的問題，事先準備解答的功夫也是不可或缺。藉著一起讀書的機會，孩子可能會問「媽媽的初戀是誰？」「第一次性經驗是什麼時候？」「媽媽有愛上除了爸爸之外的其他人嗎？」當然，你不需要所有的問題都一一回答。

「那是媽媽的『泳裝範圍』，才不告訴你～」像這樣先設定界線就可以了。

5 性教育要男女生一起教！

有兒有女的媽媽，經常會問「男生和女生應該分開做性教育吧？」「讓弟弟了解姊姊的生理期好嗎？」「在談小雞雞的話題時，妹妹在旁邊聽可以嗎？」……各種擔心。

「為什麼會覺得不能一起聽呢？」

生命誕生的性、愛情的性、保護身體的性，不管是男生或女生，如果

不能了解自己的身體特徵和生理現象的話，就無法獲得正確的知識。男女一起學習，能夠正確理解，培養出一顆體貼的心去對待朋友和將來的另一半。此外，若是男女分開教，那種秘密的氣氛，很容易營造出羞恥和不好意思的感覺，孩子會敏銳的感受到那種氣氛，而變得無法坦然的聽講。請回想在學校的健康教育課，上完課之後是不是男生女生都有種莫名的羞赧呢（笑）。

舉個例子來說，讓妹妹和哥哥一起聽講，她就會了解男性的身體構造，也會知道「對男生來說，小雞雞是生命的種子，是很重要的部位。」當哥哥的小雞雞被球打到很痛時，她就不會取笑哥哥。在學校看到去踢別人小雞雞的男生，或許還會要他們住手。

聽到姊姊生理期話題的弟弟，也會感到「要對姊姊溫柔一點。朋友們慢慢地也都會有月經，如果揶揄她們就太糟糕了。」男生和女生一起聆聽同一個話題，完全沒問題喔。

隨著年齡漸長，兄弟姊妹一起接受性教育的意義更大。例如來聊聊男性為什麼會性欲高漲，可以同時詢問他們：「如果性欲高漲很想做愛的時

讓男生和女生從 AV 的魔咒中解放！

候怎麼辦？無法壓抑性興奮的男生說想跟你做愛要如何是好？」孩子們應該能夠各自說出眞心話和擔心的事。

「對方可能會跟你說不想戴保險套，這樣眞的可以嗎？」「不戴保險套到時候受傷的是女孩子。」「你們覺得說愛你，但是不戴套的男生怎麼樣？」

因爲是親子和兄弟姊妹間的對談，所以會更起勁，也更貼近現實。

在聊成人影片的話題時，也請務必讓兄弟姊妹一起參與。要好好的告訴他們「男生和女生都對成人影片深信不疑，但那不過是服務男性的『幻想』而存在的東西，而且都過分誇大不實！」打破他們對性行爲的迷思。

「你認爲女生追求的是什麼樣的性愛？其實女生最討厭像成人影片那樣暴力的性愛了！男生千萬不要以爲『女生說不要不要就是喜歡』！」「影片中女生常常會說高潮，那都是演出來的。只有兩成的女生會有高潮的感覺，所以女生不要因爲這樣而煩惱自己性冷淡。男生也一樣，這跟技巧一點關係都沒有。」

媽媽一定會想：「可以說到這種程度嗎?!」但是我認爲，這是未來孩子跟他所愛的另一半，建立穩固信賴關係時非常必要的資訊。

各位請不用擔心。從小就接受媽媽教導生命的性、愛的性、防身的性的兄弟姊妹，一定會認眞的理解，並且思考。

6 不要期待父親來教

我認爲家庭的性教育，應該由母親負責，這本書主要也是寫給媽媽看的。當然由媽媽進行性教育自有好處，但是眞正的原因是，無法期待父親來做這件事！

在家庭裡，有接受過性教育的母親並不多，有被爸媽交代「要戴保險套」經驗的人更少，而受過生命的性教育、愛的性教育、防身的性教育的媽媽幾乎沒有。到目前爲止，我輔導過四千位媽媽的性教育，其中與雙親談論過性話題的人只有四位，也就是千分之一。對母親們而言，性教育的

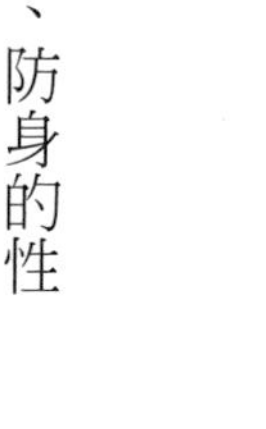

確存在著難以跨越的屏障。

另一方面，爸爸接收到的性教育又比媽媽更少了。現在爸爸們是在「不用管他，總有一天會知道」「不用擔心」「看影片學就好了」下長大的世代，他們根本不知道怎麼正確面對生殖器。所以即使心裡很擔心孩子，但是嘴巴上還是只會說「我都沒問題了，所以不用管他」。本來父親和孩子相處的時間就已經很少了，還要求他們要跟孩子談性的話題，也有點太過苛求。

在我們家也是如此，我並沒有要求丈夫做性教育。但是在我持續進行性教育的這十年來，現在即使看到新聞有性犯罪的話題、女兒對連續劇中讓人臉紅心跳的畫面很興奮，或是在談生理期的話題，丈夫都不會露出嫌惡的表情。父親只要配合到這個程度就已經很好了。請媽媽們抱著「如果能參與那就太走運了！」的心態，還是自己來教吧。

PART

5

實踐！性教育

1 制定「泳裝範圍」，就能掌握性教育

我已經多次重申，在進行性教育時，要告訴孩子「身體有隱私且重要的部位」。很多媽媽應該都能察覺「這一點很重要」。

沒錯，正是如此！「自己重要的部位，是不可以給別人看，也不可以給別人摸！」的認知，不論是在生命性教育、愛情性教育、防身性教育上，都很有幫助。尤其是教導防身性教育的時候，更是不可或缺的關鍵字。

事不宜遲，就立刻來詳細介紹。

對成人來說，「私密」一詞很容易理解，但是對孩子來說卻很難懂。

所以我建議媽媽使用「泳裝範圍」（或說泳裝區、泳裝地帶、泳裝部位皆可）一詞。

★〔泳裝範圍的定義〕

• 不可以讓別人看，也不能讓別人摸，是自己非常重要的部位。
• 是指「嘴巴」和「穿泳裝會遮起來的地方」。
• 男生和女生都一樣，包含嘴巴、胸部、性器官、臀部。

★〔泳裝範圍的鐵則①〕徹底教導哪些是自己的重要部位

首先要教孩子以下兩件事：

• **泳裝範圍不能給別人看，也不能讓別人摸，是非常重要的部位。**所以，當有人說想要看、想要摸你泳裝範圍，那個人就是危險的人物，一定要大聲拒絕並且逃開。
• **強迫你把自己很重要的泳裝範圍給他看，或讓他摸的人，就是危險的人，**一定要大聲拒絕並且逃開。

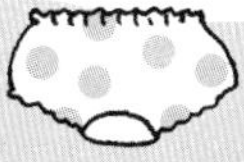

如果孩子不了解「準則」，就不會發現自己已經深陷危險。因此，把泳裝範圍當作準則，以便於教導孩子防身。

大聲拒絕不只是讓周圍的人知道你有危險，而且根據研究顯示「性犯罪者是鎖定意志薄弱的孩子爲目標」，所以大聲、明確的說「不要」非常重要。

・如果碰到危險人物，要告訴父母或老師等大人。

等犯罪發生時，就已經太遲了。所以，大人要在犯罪未遂之前，就掌握狀況。萬一孩子遇到可疑的情況，請媽媽務必給孩子一個擁抱，跟他說：「你很害怕吧！謝謝你告訴我。」

然後再次告訴他：「泳裝範圍不可以碰，也不可以讓人家摸。」提高危機意識。

還有，千萬不可輕忽，認爲「反正是犯罪未遂不用通報……」。請不嫌麻煩地通報警察或學校有危險人物出沒。近年研究發現，某個場所只要

這就是泳裝地帶

不可以給別人看，
也不可以給別人摸
是自己的身體，非常**重要**的部位

發生過一起事件，附近就很容易再次發生。警察要掌握情資，才能夠確實戒備。

★〔泳裝範圍的鐵則②〕徹底教導孩子，朋友也有重要的部位

泳裝範圍不可以讓別人看或觸摸，是自己身上很重要的部位，對朋友來說也是如此。要教導孩子也不能去摸朋友的泳裝範圍。

有時候會聽到孩子說：「今天親了◯◯和△△喔！」三、四歲的孩子在幼兒園或托兒所裡經常會上演親親的劇碼，有的大人會覺得「好可愛～」，但是請注意這種行爲跟色狼一樣！這個時期就應該讓孩子知道不可以去碰觸嘴巴。

四到五歲的時候，媽媽可能會覺得「很可愛沒關係」，但是到了七、八歲就有點不妥，那九到十歲呢？應該會直接說「不准這樣做！」

孩子一定會覺得很疑惑「爲什麼突然就不行呢？」但事實上，本來就不是突然不可以的吧！

讓孩子認知朋友的泳裝範圍也是重要部位，就能說明很多事情。

例如，這就可以制止男孩子玩過頭的狀況。讓孩子去思考「可以惡作劇去踢別人的小雞雞嗎？」「去翻女生的裙子好嗎？」並引導孩子「不可以去摸朋友的泳裝範圍，因爲小雞雞裡面有生命的種子」「裙子是女生很重要的泳裝範圍」。

孩子在玩鬧的時候往往不知道什麼是底線。雙親就使用泳裝範圍，來幫他們畫一條界線吧。

★〈泳裝範圍的鐵則③〉不要在外面談或看泳裝範圍的相關話題

教導孩子「在別人面前說泳裝範圍的話題，或是看泳裝範圍，都是很羞恥的行爲。」這裡所謂的「羞恥」，絕對不是說泳裝範圍是羞恥的部位。臀部、性器官、胸部、嘴巴，都是身體很重要的一部分，身體是沒有羞恥部位的。

我的意思是「去看別人的泳裝範圍，或是去看、去說有關泳裝範圍的

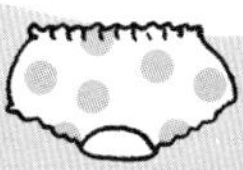

話題，會讓人家覺得討厭。不尊重別人的想法就去看或者去說，是不夠體貼的行爲。」要教導孩子「因爲這樣，所以不可以這麼做。」

尤其男生更是要特別叮囑。

男生是很想要受到關注的生物，即使是尖叫或是受到責難，他們也無所謂！他們就是想要像個英雄一般備受矚目。大聲說出一些下流的字眼、以露出下體爲樂，這些都是想要當英雄的心態作祟。

在家裡可以幽默地講黃色笑話來與性教育連結，但是最後一定要告誡孩子：「這些都是跟泳裝範圍相關的話題喔！你認爲可以在外面隨便說嗎？」

在外面不要去說，也不要去看有關泳裝範圍的話題，是爲了保護孩子。現實中，就是會有惡質的大人認爲「重要的部位給我看、給我摸沒關係」。就跟前面所舉的親吻例子一樣，要是允許孩子們隨意去親吻別人，那當他被戀童癖的人親吻，他也不會認爲是「奇怪的事情」了。

另外，最近女性服飾的設計感強烈，款式都很時尚，諸如低胸大開口、

迷你裙等。如果覺得「穿襯衣會露出來好俗氣」，於是直接穿著很裸露的衣服外出，那簡直就跟坦胸露背沒兩樣了。「讓別人看你的泳裝範圍好嗎？壞人會直接把你當成目標！」務必教孩子留心。

女生在毫無遮蔽的情況下就換衣服，或是穿裙子卻坐著兩腿開開的舉措都需要提醒。這不但關乎防身，也正好教教他們注意自己的行爲舉止。

教導孩子不在外面說有關泳裝範圍的話題，就不用擔心「在外面大肆宣揚性教育學到的字眼」。請和孩子約定，「有人聽到泳裝範圍的話題會覺得不舒服，所以不可以說喔！如果對泳裝範圍的事情有不懂的地方，就來問媽媽吧！」

★〔泳裝範圍的鐵則④〕家人也不要去觸摸泳裝範圍

你一定也會想到「那在家裡應該如何面對孩子的泳裝範圍？」基本上「孩子超過四歲之後，連媽媽都不要去碰觸。」

通常四歲時，已經開始訓練孩子自己上廁所了，媽媽可以幫他穿脫內

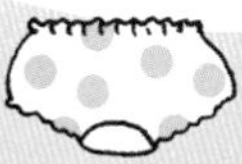

褲，但是不要觸摸到他的性器官。如果孩子知道「連最愛的媽媽都不會去碰」，可以提高認知意識，了解泳裝範圍是自己很重要的部位。

如果孩子還不會自己擦屁股，在幫他擦屁股時要告訴他：「因爲你大便了，不好意思要摸你的泳裝範圍」，並且帶入「如果別人要摸你的屁股該怎麼辦？」的防身話題。

2 在浴室解說泳裝範圍

性教育中不可或缺的「泳裝範圍」，要在什麼時候教，又該如何教育？**性教育的適齡期是自三歲起，所以不嫌遲，就馬上開始吧！**三歲已經是性犯罪對象的年齡，一點都不會太早。

會赤身裸體的洗澡時間，最方便進行教育。媽媽容易說明，孩子光用看的也能理解。

而且浴室也是個好地方，能輕鬆的和孩子聊天。尤其是男孩子，常常在房子裡跑來跑去，根本沒在聽媽媽說話。如果是在浴室，不但空間狹小，也沒有電視，確實是認眞聽媽媽說話的絕佳場所。

媽媽也一樣。平常都一邊洗碗一邊跟孩子說話，或是一邊洗衣服一邊跟孩子交談，很難好好的看著孩子的眼睛講話，在浴室裡很自然就會靜下來看著彼此說話。而且浴室也是最能說出眞心話、心裡的秘密、嚴肅話題的地點。不限於性教育，沐浴時間是親子對話的絕佳時機。

了解「泳裝範圍」之後，接著就在睡前進行「泳裝範圍大猜謎」吧！

「身體哪些部位非常重要，不能讓別人摸？」

「嘴巴、胸部、性器官、臀部！」

「答對了！嘴巴、胸部、性器官、臀部！你都記住了呢！」

也可以把身體部位用手作勢遮起來，然後反覆猜謎。孩子應該會覺得像在玩遊戲一樣很開心。

但是會開心配合的大概只有十歲以前，所以要趁早開始！

3 可以說這個嗎？月經和射精

什麼是「月經」和「射精」？對媽媽來說確實有點難。不只是生理機制，還要了解對孩子的心理和生活層面有何影響，才能應付在進行性教育時可能發生的各種狀況。媽媽大致上知道自己生理期體內的變化，但是射精真的是未知的世界……可能會啞口無言。那就藉此機會學起來吧！

★月經是「寶寶床更換日」

——「女孩子每個月都會從卵巢排出一個卵子。卵就是小寶寶的蛋，當然要溫柔呵護。所以子宮就做了一個溫暖的床來準備迎接，但是因爲卵子沒有遇到精子，沒有成爲受精卵，所以也不需要床了，然後就變成經血排出體外。每個月都要換新的床等待小寶寶的蛋，這就是月經。生理期就是『寶寶床更換日』」。

想要一步一步進入性行爲的話題，一定要先談月經。讓女孩知道今後自己的身體會有什麼變化，然後開始做準備。

孩子的初經年齡大概落在十到十三歲。一聽到「流血」，孩子們都會有各種驚恐「會不會痛？」「如果突然來了怎麼辦？」「聽說不能去游泳，如果不下水的話，會不會大家都知道月經來了？」

請告訴孩子「你也想睡鬆鬆軟軟的床鋪吧！所以就得把舊的床墊丟掉啊。生理期對身體很重要，也很必要。」降低她對月經的負面印象。

當初經來潮，就好好的慶祝一番吧。日本的習俗是準備「紅豆飯」，但也可以上館子吃頓好料。「恭喜你長大了！」全家人一起好好慶祝。孩子感受到「月經原來是值得開心的事！」就會對月經有正面的印象。

不妨跟孩子說：「生理期是最好的排毒，之後會變漂亮喔！」如果媽媽覺得生理期很討厭，小孩子也會這樣想。實際上生理期會有心情鬱悶和倦怠的狀況，但還是希望孩子能舒服的度過這段期間！所以，如果不想讓她覺得生理期很討厭，那媽媽就要先調整自己的想法和行爲。

初經來潮之後，有件事一定要告訴孩子，那就是**「月經是要成為大人**

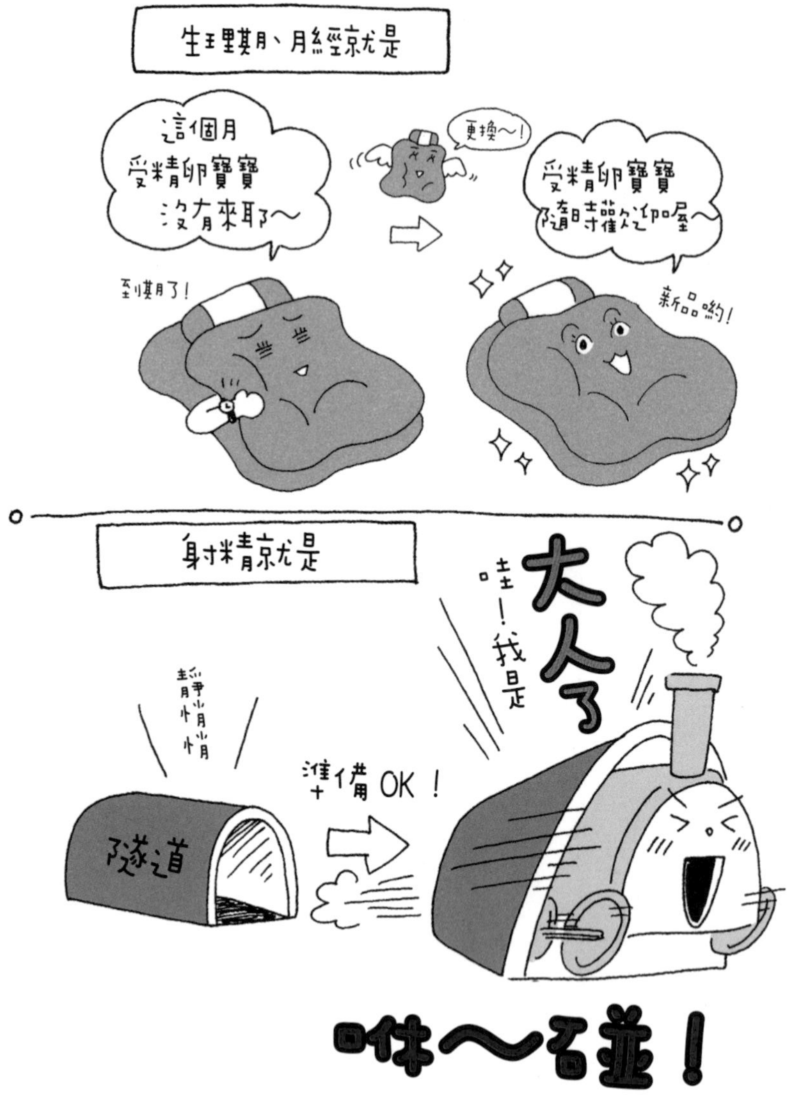

生理期、月經就是
這個月 受精卵寶寶 沒有來耶～
更換～!
受精卵寶寶 隨時歡迎喔～
到期了!
新品喲!
射精就是
靜悄悄
準備OK!
隧道
哇!我是 大人了
咻～碰!

的象徵。你的身體已經可以生小寶寶了。」「如果現在懷孕了怎麼辦？你還沒辦法照顧小寶寶吧？所以要好好保護自己的身體。」

★射精是「隧道開通」

——「從你出生開始，你就有製造小寶寶種子（精子）的地方，稱爲睪丸。十歲左右會分泌男性荷爾蒙，會變聲、長鬍子、體格變壯，慢慢變成大人的身體。睪丸是製造精子的地方，全年無休！小雞雞的前端有精子跑出來稱爲射精，這是隧道開通喔！讓之前沒有出來的精子跑出來。」

男孩子一般在十二歲左右會射精，也有的可能會先自慰或夢遺。狀況因人而異，先後順序不一定。書上幾乎都是說「夢遺是射精的前兆」，但是詢問男性的結果，自慰而射精的比例偏高，但也有人不曾夢遺過。究竟什麼時候才會「開通」，男生自己也很期待吧。

射精是成爲男人的證明。和初經一樣，射精的時候也要慶祝。「恭喜！你已經是大人了，今後要像大人一樣對待你。」這之後就不要再把射精這件事掛在嘴邊，這是禮貌。自慰也是好事，給國中生自慰的時間，是爲人母的體貼。讓他有私人的時間，在浴室或廁所時間久一點也不要唸他。這是對待兒子的母愛表現，是不破壞母子關係的秘訣。

爲了自慰看成人影片是很尋常的事。但是小學生還不會明辨是非，在「無法正確判斷什麼是好、什麼是壞之前不希望他們看」的前提，是可以適度開放。萬一眞的發現小學生在看成人影片，請不要劈頭就責罵，請媽媽先詢問：「你在看什麼？」並且陪他一起看，這也是一個方法。然後一定要好好複習之前性教育所教的東西。

一切都是爲了孩子，加油吧！媽媽們！

4 教孩子學會洗自己的內褲！

不少有青少年的家庭，一大清早常會出現類似的狀況——把一家子

丟在籃子裡的衣服「咚咚咚」的放進洗衣機，按下按鈕……沒一會兒「怎麼有一件尿濕的內褲就擱在洗手檯上！」「沾到經血的內褲就放在洗手檯上！」「現在還來得及！趕快丟到洗衣機裡……」

等一下！

從今天開始，請試著讓孩子自己洗內褲吧。

進入國小中高年級的孩子，身體開始出現變化；女孩子就會有分泌物。生理期的時候，常常會有經血弄髒衣褲。男生則是因爲夢遺，弄髒內褲的機率超乎想像的多。

爲了不讓孩子一個人面對這種狀況時感到焦慮、沮喪，從小就要養成「自己的內褲自己洗」的習慣！這是邁向獨立自主的家庭教育之一。在我們家，從晚上會尿褲子的時候開始，就要在浴室自己洗內褲。

尤其是男孩子，洗內褲有更重大的意義。

夢遺、自慰都會弄髒內褲，男孩子會爲了隱瞞而大費周章。聽說有人把內褲捲成不自然的球狀丟進洗衣機，甚至還有把內褲拿去便利商店丟掉的呢。

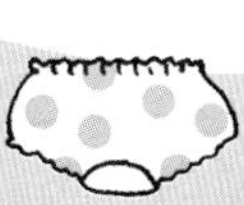

媽媽無論如何都要在這些小地方留心。

但是如果大剌剌地跟孩子說：「不要在意，就直接拿出來洗！」「什麼時候射精的？」反而會讓他們困窘到最高點！還可能因此破壞母子的關係。

所以，要讓孩子既不需要大費周章隱瞞，也不用媽媽矯情的小心翼翼，就從幼兒時期開始訓練他自己洗內褲吧。

也讓孩子看著媽媽自己洗內褲的樣子。

「爲什麼只有內褲要用手洗？」

「因爲女生有月經啊……」

「你大概上國中之後，小雞雞就會噴東西出來……」

像這樣在生活中，自然而然就能進行生命性教育。

洗內褲可以感受到自己長大成人的身體變化，也是培養獨立意識的「最強準則」！

PART 6

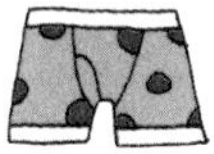

母親給孩子的生命教育

1 愛的奇蹟

只要有性行爲，就有懷孕的可能性；只要有初經，連小學生都會懷孕。

①性行爲。

②卵子與精子相遇，成爲受精卵。

③受精卵在子宮內膜著床。

要經過這三個程序才會懷孕。

但這不像跳遠，只要單腳跳、跨步跳、跳躍（hop step jump）三步驟這麼簡單。你知道懷孕是有多少奇蹟的組合才能完成嗎？

相愛的男女在做性行爲時，由男性陰莖射出的精液，在進入女性陰道的剎那，就展開了「**精子生存大作戰**」！

2 數億精子大軍的王者之爭

每一次射精的精液中，約有二到四億個精子。你一定會驚訝這數量也太龐大了，但是女性的身體有個巧妙的機制，會「排除外來異物」。

第一個陷阱是在陰道。

陰道爲酸性，會殺掉較虛弱的精子。不過精子在這裡不至於全軍覆沒，「只要有一隻勇敢的精子到達即可……」達陣之前會有身先士卒的護衛隊在此壯烈犧牲。

射精三十分鐘後，進入陰道的精子百分之九十九已經殞命。

剩下百分之一的精子們，傷痕累累的繼續往子宮頸挺進。然後終於踏進子宮頸，此時也有很多精子已經脫隊，最終只剩下五千隻。

考驗仍然持續著。

下一個目的地是輸卵管，子宮對於精子來說是非常廣大的世界，想要找到輸卵管那小小的入口並非易事，就像在是廣袤的大草原找一朵小花般。精子漸漸體衰力微，這個時候又有白血球來追殺！精子們拚了命的四處逃竄，一個個束手就擒、魂歸西天。

僥倖逃過一劫的精子終於找到輸卵管的入口，但是殘酷的考驗又來了！輸卵管分爲左右兩側，根本不知道卵子是在哪一側。這裡是最大的賭注，勝率二分之一的挑戰！

幸運賭贏的精子終於抵達卵子，不過很可惜的，這裡還不是終點。能進入卵子的精子只有一隻，在這之前大家都要在卵子的城牆上敲敲打打。

大門終於敞開！那扇門只會在最勇猛的精子面前打開。

然後是轉瞬間的事情。

被選中的精子迅速進入後，大門隨即關上。

「精子生存戰」的劇碼於焉落幕。

這樣說起來，你不覺得精子真是活力充沛嗎？

3 千億萬選一的生命奇蹟

被選中的精子與卵子正式成爲受精卵。

但也不是說這樣就懷孕了。受精卵必須一邊細胞分裂，一邊花一個禮拜的時間由輸卵管移動到子宮，然後進入子宮內膜這個床鋪，這就是著床。

著床並非那麼容易。如果床不夠舒適柔軟，受精卵即使到了床鋪也不會著床。萬一細胞分裂不順利，那受精卵在著床之前，就會跟月經一起流掉。

這是幾千、幾億、幾兆的奇蹟互相連結，才會有媽媽、爸爸、心愛的孩子。

儘管是事實，但可不要忘了，「奇蹟」一詞並不代表「沒那麼簡單就懷孕」。要好好的說明，不要讓孩子誤以爲「奇蹟＝一次沒避孕也沒關係」。

精子的生存戰、著床時間的困難，並不是要降低懷孕率，而是要篩選

出更強壯的生命。

「精子進入女性體內之後就是這麼辛苦喔！不過在進去之前也很辛苦。精子非常敏感，一接觸到空氣就會死掉。所以做性行為時小雞雞必須放到陰道裡。」

「精子該怎麼做才能順利抵達卵子？當然是離子宮越近越好，所以小雞雞會勃起。」

很多媽媽都認爲和孩子談論性行爲，是進行性教育時最大的障礙。但是從生命奇蹟的角度來思考性行爲，反而會覺得「爲什麼以前會認爲性＝猥瑣？」沒錯，一定要跟孩子說！

4 「治療不孕症」很丟臉？

根據二〇一八年的調查資料，台灣的不孕症盛行率高達十五％，大概每七對夫妻就有一對不孕，接受相關治療，如timing療法（編按：簡單來說，就是借助吃排卵藥的自然受孕法）、排卵法、體外授精、人工授精等不孕療法的夫妻與日俱增，不再是「特殊案例」了。雖然如此，普遍來說社會仍對不孕症治療存有偏見，很多人都對此諱莫如深。日本的情況也是如此，在這樣很難公開說「我在治療不孕症」「這孩子是經過不孕症治療才生下來的」的社會裡，有很多爲不孕症治療困擾的夫婦，也會來找我商談。

不論男性或女性，接受不孕症治療都是莫大的負擔。

女性要兼顧治療、工作、家事，有些人甚至還面臨同時育兒的嚴峻狀況。爲了檢查、打針要頻繁出入醫院，經常都是醫院突然指定「請在幾號幾點來看診」。一旦遇到約診日，無可避免要請假、早退或是中途離開，總是不斷重複覺得過意不去的每一天。

如果沒有表明要去接受治療，面對的是同事詫異不諒解的神情「你不是才休過假嗎？明天、後天又要請假？」如果坦承是要去治療，有些人甚至會遭到上司的職場霸凌「既然這樣，那你就公開跟大家說再去啊！你在麻煩我們耶！」還有女生會被無心的話語刺傷「你之前縱欲過度吧。性經驗太多的人容易不孕喔！」「多做一點就會懷上啦！」根據日本厚生勞動省二〇一七年年初進行的實況調查，不孕症治療者中有百分之十六的人離職，不知道是不是因爲精神壓力太大。

結婚幾年後，都會遇到不熟的親戚或是鄰居關切「你們不想生小孩喔？」「還沒懷孕嗎？」無形中讓壓力更沉重。「得要趕快有結果……」「現在的治療方式有效嗎？」焦慮感更重了，每次月經來都自責「又沒中了，都是我的錯」否定自我、暗自流淚。

男生也很辛苦。即使沒有心情也要在既定的日子做愛。在醫院被告知「要取精」，然後被帶到放滿色情書刊和成人影片的小房間，承受著「你不想要小孩嗎？」的壓力。對於治療和太太意見相左，因此壓力過大的男性也不在少數。

治療費用也是一筆不小的數目，對一般受薪族來說是很大的負擔。有不少夫妻爲了持續治療，還不得不尋求雙親的奧援。在這種種煩惱下演變成「不孕症治療反而不孕」的狀況，這說的是，因爲不孕症治療讓身體、精神負荷過重，反而造成更難懷孕的現象。

不孕症治療是讓人身心俱疲，痛苦且辛苦的治療。即便如此仍咬著牙繼續下去的爸爸媽媽們，爲什麼要遭人側目？趁這個機會，我有些話一定要告訴有這種情況的夫妻。

「生命的開始，不管是性行為、人工授精、體外受精都很好！你都應該以自己的孩子為傲。」

聽到這番話，想必有很多媽媽都會淚光閃閃，那眼淚正是重視孩子的證明。

性行爲所懷上的孩子就比較優秀嗎？因爲治療而做出來的孩子就比較差嗎？你完全不需要因爲孩子是人工受孕而感到自卑。那不是你經歷這麼多辛酸渴望得到的生命嗎？我非常敬佩這份想爲人母的強烈渴求。媽媽們，你可以更自豪。重要的並不是你怎麼懷上孩子，而是孩子出生之後你如何養育。

順道一提，根據統計資料日本在二〇一六年的體外授精件數達四十四萬七千七百九十件。每十八名新生兒就有一人是人工受孕誕生，總人數約五萬四千一百一十人。不論件數或出生人數都創新高，現在已經是在學校

一個班上會有兩個人工受孕孩子的年代。沒錯，經由不孕症治療生孩子，不是什麼特殊情況。（編按：台灣統計資料顯示，一九九八到二〇一五年累計約有近七萬個經人工受孕誕生的嬰兒。）

我的第三個孩子，就是治療後受孕的。「每個月都有月經，這麼正常爲什麼不會懷孕？」我覺得很奇怪而到婦產科求診，才知道根本沒有排卵。因爲已經生了兩個孩子，所以壓根兒沒想到自己會不孕。在次女出生六年後，才終於盼到了三女。

對於自己藉由治療才懷孕的事情，我會好好的跟孩子說：「媽媽好想看到你，所以才去治療喔。能夠成爲你的媽媽，我眞的很開心。」

雖說如此，對於透過不孕症治療所懷上的孩子，有的媽媽還是很猶豫該不該跟他們說。我認爲應該要。

因為孩子未來也有可能會經歷不孕症治療。

懷疑不孕時，當然可以選擇去治療或不要治療。如果選擇要做，當然希望能夠成功。「我們無論如何都想要見到你，所以才去治療。如果有同樣的狀況，我也會尊重你想要孩子的心情。」給孩子支持。做到這一步，當孩子有一天眞的面對這種情況時，才能不帶偏見、不感覺羞恥的到醫院去。

這對於單親家庭或繼親家庭也一樣。

「雖然我跟你爸爸分開了，但是我很謝謝爸爸讓我能懷上你。」

「因爲你媽媽生了你，我才能看到你。很高興能成爲你的媽媽。」

不管是用哪種形式迎接生命的開始，都沒有優劣之分。

「你是有價值的，你要更有自信。」請充滿愛地告訴孩子。

5 事實上「不孕症有半數是男性引起」

前面提到，現在是「不孕症治療已非特殊案例的時代」。**事實上不孕的起因男女各占一半**。

男性不孕的大多肇因於精子品質不佳。雖然有性欲，也會射精，但是

精子的狀態太差，所以無法受孕。飲食、各種化學物質、過勞、精神壓力、肥胖、運動不足、手機電磁波、電腦熱源、衣褲太緊……等各種原因，都可能影響精子的品質。結果應該是勺子狀的精子，有的可能沒有尾巴、或是有好幾條尾巴、頭有洞或是沒有頭。精子的量雖然很充足，但是形狀漂亮的卻沒有幾隻。

但是男性本身並沒有自覺。所以當生不出孩子的時候，都一味的責怪太太「都是你造成的」。婆婆也一樣，完全不認爲自己的兒子有問題，還會說出「早知道就娶個年輕一點的……」。

另一方面，一旦發生不孕的狀況，對男生而言是很大的衝擊。懷著「我眞沒用」「沒有身爲男性的價值」的心態而逃避治療的男人也不在少數。

所以要找出不孕的原因不可以像是找犯人那般。孩子是兩個人的，雙方要一起思考、一起治療，這是理所當然的事。

你要教導孩子「將來如果你想要小孩卻生不出來的時候，不要認爲都是女生的問題，男性也會不孕。」

尤其是男孩子，要進一步的告訴他「有人因爲精子不健康所以無法生小孩。不可以誤會是女人的錯，強迫女人去接受治療，男性也要一起治療。」

消滅「不孕治療很可恥」的想法、打造任何人都能欣然接受不孕治療的世界，才能消除性騷擾，全球新生兒數量應該也會隨之增加吧。

爲孩子建立新的想法，一起改變現狀吧。

6 好好說明！避孕、墮胎、保險套

★避孕的重要性

孩子都想要設定「人生計畫」，開創自己的未來。雙親和孩子都各自懷抱著很多的夢想，但是有一件事卻會輕易毀掉一切，那就是「青少年意

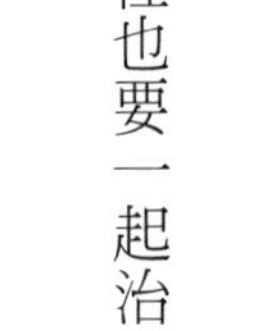

外懷孕」。

越年輕懷孕的機率越高，卵子和精子都活蹦亂跳，當然更容易受精。現實的狀況就是「不想要卻中獎是十幾歲、想要也生得出來是二十幾歲、想要卻生不出來是三十幾歲」。因此孩子在沒有足夠的知識，只是以興趣爲主的性行爲，很容易就懷孕。所以媽媽要很確實的教導避孕。

第一步要先讓孩子了解性愛的意義。「性愛是爲了傳承生命的行爲。不要忘了做愛一定會伴隨著懷孕。」「你知道什麼是懷孕嗎？那代表生命的誕生，一個人的誕生。」「如果要開始工作養家活口，那你自己的夢想怎麼辦？」這些都要一併考慮。

十幾歲就奉子成婚，現實狀況是很殘酷的。日本的國情統計，十九歲以下奉子成婚的夫婦，每兩對就有一對離婚。而十幾歲奉子成婚的夫妻，五年內離婚率高達八成以上。你也可以問問孩子「看到這個數字你有什麼想法？」

★墮胎的傷痛

即使有做好避孕措施，還是會有「失敗」的機率。諸如「快要射精之前有趕快戴保險套，可是分泌物還是中獎了。」「保險套破掉了。」「他偷偷把保險套拿掉。」等狀況。

所以要教孩子萬一懷孕之後有什麼選擇，「墮胎」是選項之一。但是如果認爲「不小心懷孕還可以墮胎」可就大錯特錯了。

要確實地告訴孩子：「墮胎是扼殺了一個小生命。」「把人送上天堂。」並且要讓孩子去思考「什麼是生命？」

「性行爲懷孕之後就會產生新生命。如果無法撫養這個小寶寶怎麼辦？墮胎手術就是把這個小生命送上天堂，把生命這麼簡單、隨意的處理好嗎？」好好的引導他們去思考。

而且也要告訴他們墮胎對身心的負面影響。

「這樣隨便處理生命，你的心也會很受傷，一輩子心裡都會有疙瘩。」

「墮胎是手術，所以會對身體造成傷害，是有危險的。」而且要告訴孩子，

墮胎可能會影響日後不孕的機率。

理解墮胎的嚴重性，就能了解生命的重要性。青春期之後才跟孩子說避孕、保險套、墮胎，小孩已經聽不進去了。想像著我們年幼的孩子未來實現夢想的樣子，請從小就不斷地進行生命教育。

★保險套是必需品

媽媽有自己買過保險套嗎？

在演講或講座等場合，我都會這樣問大家，但是回答「曾經買過」的只有兩成左右。在我年輕的時候，持有保險套會讓人覺得「性經驗很豐富」。因此，長大成人後很多女性對於保險套還是存有抗拒感。雖然會跟孩子耳提面命「要用保險套」，可是一旦看到孩子的口袋裡真的出現保險套，媽媽還是會很震驚。

要知道，保險套是保護孩子的身體，也是保護未知的小生命。母親要先改變對保險套的觀感！不管男生或女生，都可以持有保險套，也都應該要有保險套。

爲什麼呢？

保險套的角色不只是避孕而已。

「唯一能避免感染性病的方式」就是保險套。

因爲接吻或性行爲等性接觸而感染的疾病稱爲「性病」。性病有可能會致死或罹患重症，有的還會留有後遺症，千萬不可輕忽。梅毒、淋病、皰疹，還有愛滋……這些全部都是性病。

日本高中生有性經驗者，男生爲百分之七．三、女生爲百分之十三．九，整體而言有百分之十一．四曾感染生殖器皰疹（編按：根據二〇一三年「gfk Group」市調公司公布，取樣三十個國家，十五到二十四歲青少年男女各兩百人的調查報告，台灣青少年有性經驗比率高達七成，居世界第二，僅次於泰國。又，疾管局資料顯示，二〇一二年六月止，十五到二十四歲愛滋罹病人數四千三百七十六人）。所以，性病已經是會威脅到孩子的疾病。

如果只教育孩子「保險套是避孕工具」，會變成戴不戴端視個人意願。男生認爲「會懷孕的是女生，所以那是女生的問題」；女生則認爲「讓男

保險套是男生、女生的好夥伴！

生全權處理就好」。要告訴孩子「不論男生女生都一樣，能保護你不受性病感染的只有保險套，一定要戴。」然後再跟他們說，保險套的好處還有「可以避孕」。這麼一來，孩子就會了解「如果不用保險套會有生命危險，一定要戴。還附加一個好處，就是可以避孕，一舉兩得！」

也要告訴女孩「如果那個男生眞的愛你，就會戴保險套。」「可以因爲愛，所以不戴保險套嗎？男生只想著要發生性關係。」女生染上性病尤其痛苦，子宮內部，甚至是輸卵管、卵巢都會發炎，會造成流產和不孕。即使成功懷孕，也會垂直感染給胎兒。

保險套還能預防愛滋病。

各位知道嗎？日本是先進國家中，唯一面臨愛滋病感染持續擴大嚴峻狀況的國家。追究其背後的原因，就是所謂的「不戴套神話」——不戴套是快樂的、優越感的價值觀非常普遍。然而，造成愛滋病的ＨＩＶ病毒只會藉由特定管道傳染，正確使用保險套就能避免感染。

教導保險套的功用之後，也要告知如何取得。能夠買到保險套的不只藥局而已，十來歲青少年很常出入的便利商店也有販賣。生活周遭就近即

可取得，而且價格也不算貴，花個一兩百元就可以買到，通常一盒裝大約有三到十二個不等。請務必教導孩子「不戴套，不做愛！」

順道一提，在歐洲的小學，就有課程是教導孩子幫陰莖模型戴保險套。不論是在學校或家庭，都很徹底實施生命教育。希望我們的國家也能學習這一點，成爲守護孩子光明未來的社會。

7 緊急避孕藥是最後手段

前面有提到「保險套能預防性病，避孕是附帶效果」。

但是，保險套還是有百分之四到十三的避孕失敗率，諸如「正確使用卻破掉」的意外事件，還有「中途再戴就ＯＫ」的錯誤使用方法等。從避孕率來考量，同時使用避孕藥和保險套最萬無一失。

現在吃避孕藥的女性並不罕見。因爲有各種目的都可以服用避孕藥，如避孕、減輕生理痛、治療子宮內膜症等。可能會有媽媽認爲「已經這麼稀鬆平常，小孩子也可以吃避孕藥……」但是我並不贊成。再次重申，要孩子戴保險套最大的目的是「預防性病」，避孕藥無法預防性病。

而且避孕藥對女性身體的負擔很大。要去醫院、要花錢、忘記吃而緊張兮兮的都是女性。如果默許年輕情侶讓女方負起避孕的責任，那完全無法養成男性的避孕意識。

但是，有一種藥還是希望讓孩子知道，那就是「緊急避孕藥」，通稱事後避孕丸。其主要成分是黃體素的錠劑，**在避孕失敗後七十二小時內服用，有九成的機率可以避免懷孕**。需要醫師處方才能取得。

十來歲的青少年經常會發生「雖然也說不上喜歡對方，反正糊里糊塗就上床了」「被強迫」的狀況，也無法否定遭遇性犯罪的可能性。而在這種情況下，不知道會不會懷孕而驚慌害怕的是女生，所以希望她們都能知道緊要關頭的避孕法。

避孕成功與否的關鍵在於時間。避孕失敗時立刻服用事後避孕藥，九

成的機率可預防懷孕。過了七十二小時後，已經無法發揮預防著床的功效。正要著床時吃藥，反而會幫助著床，所以一定要在「七十二小時內服用」。

事後避孕藥需要醫師開立處方才能取得。高中生獨自到醫院就醫希望取得處方箋，但是卻因爲拿不出錢來空手而歸的例子也不少（編按：台灣的情況也一樣，而且健保不給付，需自費用藥）。

知道緊急避孕藥的存在，卻無法吃藥也是沒意義。所以，一定要先跟孩子說「如果遇到意外，趕緊找媽媽談。」

最近在網路上也買得到緊急避孕藥，孩子瞞著父母取得藥物也並非不可能。但是在網路上買到的藥品眞僞不得而知，所以還是應該去婦產科一趟。

我身爲有女兒的母親，已經做好心理準備。我告訴女兒「有任何萬一，一定要跟媽媽說，不要一個人煩惱。」如果是因爲性行爲沒有避孕而造成，我可能會反省「說了這麼多，是不是她都沒有聽進去……爲什麼沒有好好愛惜自己？」

不過，「想要保護女兒！」的想法一定是更強烈的。所以務必跟孩子說「謝謝你願意告訴媽媽」，然後讓她吃緊急避孕藥，親子一起等待下一次月經的到來。雖然還有這種緊急避孕手段，但絕對不能因此隨便就發生性關係。只不過既然有解決方案，就應該拿來使用。即使逃避，一樣會充滿懷孕的不安，我才不想讓孩子嘗到這樣的無助感。

8 LGBT見怪不怪的世代

你知道什麼是「LGBT」嗎？

LGBT是「Lesbian（女同性戀）」「Gay（男同性戀）」「Bisexual（雙性戀）」「Transgender（跨性別者）」英文首字的縮寫，作爲一部分性少數者（Sexual Minority）的總稱。不過這只是「一部分的人」，實際上也有很多性少數者不屬於這四個類型。還有LGBTQ（Questioning／對自己的性別認同或性傾向感到疑惑者）等各種類型的人。

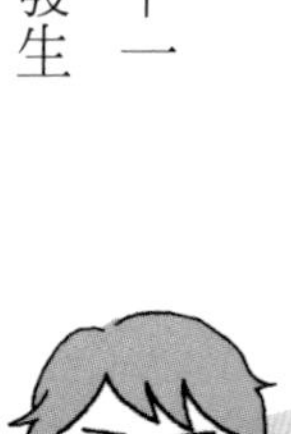

放諸國際，接受ＬＧＢＴ的國家日益增多，尤其是歐洲各國特別包容。有立法禁止差別待遇，或是認同同性婚姻、同性伴侶收養制度等（編按：台灣於二〇一九年五月十七日立法通過同婚專法），都是朝著讓ＬＧＢＴ族群有更好生活的環境演進。在ＬＧＢＴ的先進國家泰國，認同十八種類的性別。性的多樣性已經是一種常識。

那日本又是如何呢？據說目前ＬＧＢＴ約占人口百分之八。這是「高橋、佐藤、鈴木、田中姓氏總合」，或是「AB型總人數」。或許你沒有發現，事實上人數很多。**如果小學一個班級有四十人，已經有二到三人發現自己是性少數者**。

但是對於ＬＧＢＴ的人來說，現今狀況仍然嚴峻。根據民間團體的網路調查，ＬＧＢＴ族群有七成在學校會遭到霸凌，有三成曾經想自殺。

無關乎外表，只要有喜歡同性的傾向，就很難改變成喜歡異性，如果強迫的話只會徒增痛苦。與生俱來的性別、自己認爲的性別、喜歡的人、喜歡的對象，這些都不容外人批判。

孩子長大成人的時候，受到人口持續減少的影響，勞動機會也減少。

將來在國外工作成爲理所當然的時代，如果對於性的多樣性無法認同會怎樣？充滿偏見和差別價值觀的人，在工作和生活上必然會格外辛苦。

媽媽一定也不希望自己的孩子變成侮辱、輕蔑他人的人。所以要讓他們能夠接受多樣的性價值觀，從小就要灌輸「誰喜歡誰、還有自己個人的偏好，媽媽都希望予以尊重。所以，不管愛上誰，或是想成爲什麼性別都好。當然你也是如此喔！」

媽媽可能會想「希望我家的孩子不要變成那樣……」。但是，即使自己的孩子是LGBT也不是什麼特別的事。

希望你能告訴孩子「不論你是什麼模樣都好，天生我材必有用。不管你是怎麼樣，我都愛你。」

ＬＧＢＴ族群有不少人是「只有對父母不敢說出口」。正因爲是親子才更應該說得出口不是嗎？

媽媽們對孩子來說，是絕對的存在。正因爲如此，媽媽本身要有與時俱進的價值觀，然後養成孩子的價值觀。孩子的想法，不管是好是壞，都會因爲雙親的一句話而改變，千萬不要忘了。

PART 7

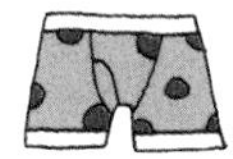

此時更該性教育！

養兒育女，每天都會遇到「喂！該不會是眞的吧？」的驚恐，或是「你在做什麼？快住手！」打冷顫的狀況。把裝滿果汁的杯子翻過來、把襪子穿在手上……看到這種場景，母親一定會立即採取適當的行動。

但是，如果這個場景是與「性」相關呢？當場要能好好的應對絕對不是件簡單的事。

那就實際拿母親們遇到的驚恐、打冷顫的體驗爲例，來談談該如何了解孩子的行爲，以及該如何處理吧。

★和淺木君親親

年幼的女兒跟我說：「我跟班上的淺木君每次都在玩親親喔！」從那一天起開始，我就告訴她：「嘴巴也是屬於『泳裝範圍』，是重要的部位。不可以去碰朋友的嘴巴，或是讓朋友碰你的嘴巴。」但是，經過兩個星期之後，女兒又若無其事的跟我說：「我今天跟淺木君親了兩次。」她沒有瞞我，這樣也算是好事吧……？

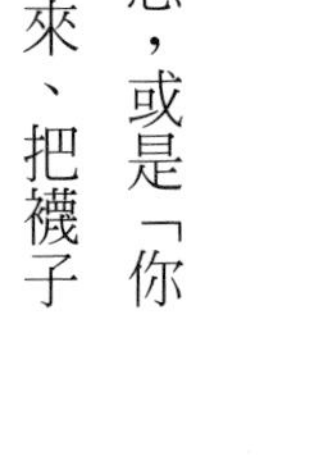

⬇在幼兒園、托兒所，孩子們互相親吻已是日常生活的一部分。也經常會說：「我喜歡○○」「我要跟△△結婚」。

父母親當然會想要重視孩子那份喜歡別人的心意，那就跟他說：「你交到了要好的朋友呢！」但是不可以親吻！媽媽要告訴孩子「嘴巴是『泳裝範圍』」這才是正確的作法！

不過還是會有孩子依然故我。這是因爲這個年紀，還沒有足夠的理解能力，能在聽幾次之後就知道要和行爲做連結，絕對不是母親的想法沒有傳達出去，所以不斷重複非常重要。有時候也可以改變說話的方式。

「或許你是因爲喜歡才親同學，可是你有想過人家的感受嗎？可能他不喜歡卻不好意思說。你不可以光憑自己的感覺就去親別人喔！」「你在親親的時候被壞人看見怎麼辦？他就會認爲這個小孩可以親親！爲了保護自己，不要再去親同學了。」

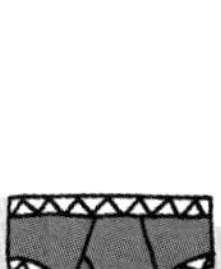

★小雞雞起立！

一大早，爲了想叫四歲的兒子起床，所以就用身體磨蹭他。結果好像是很舒服的樣子，他的小雞雞竟然勃起了！我假裝若無其事，但是兒子卻自己察覺到，問我「媽媽，爲什麼小雞雞會站起來？」有夠尷尬。

⬇這個時候就用那招吧！沒錯，就是「魔法語彙」。不要忘了說：「這眞是個好問題。」那麼，不管遇到什麼狀況都能不慌不忙了。

媽媽之所以會覺得尷尬，是因爲對於勃起有猥褻的印象。但是孩子並沒有這樣的念頭，他們只是以科學的角度來看「爲什麼身體會有這樣的變化」，然後提出疑問，跟「媽媽，爲什麼雷聲會轟隆隆？」沒什麼兩樣。也請媽媽你理解勃起是一種生理現象，然後跟孩子解說。

即使什麼都不做，一天中也會勃起好幾次。陰莖裡面的尿道被海綿體所包覆，如果有血液輸送過來就會勃起。當然有些刺激會導致有反應，但是具有性意味的勃起是要在第二性徵出現之後，是很久以後的事。

四歲的孩子你只要讚美他「好棒喔！」就可以了，但是要附加說明「這

沒錯！性是很科學的！

件事不要在外面說喔！這是泳裝範圍喔！」

★圍起來打屁股

事情是發生在兒童館，有幾個三、四歲的小男孩聚集在一起的時候。Y君去上廁所之前一定會把屁屁整個露出來，故意讓大家看到。Y君的媽媽受不了，「不要這樣！」順手打了他的屁股。其他的小男孩見狀，等Y君從廁所回來的時候，就把他包圍起來，扯下褲子打屁股！

⬇對孩子來說，「屁股」絕對是最愛之一。所以想要完全禁止「便便、尿尿、ㄋㄟㄋㄟ」和「屁屁」的言論不太可能。不分青紅皂白，很有可能失去和孩子談性的機會。

和孩子約法三章，在家裡可以拿「便便、尿尿、ㄋㄟㄋㄟ、屁屁」來開玩笑，但是出了家門以後就嚴格禁止！這就跟「在家裡可以自慰！不可以給外人看！」是一樣的。

★幼稚園老師的胸部……

五歲的兒子很喜歡幼稚園的夏木老師。某一天回家的時候，他很開心的跟我說：「我今天摸了夏木老師的胸部喔！」

⬇老師會是怎樣的心情呢？可能爲之一驚卻又無計可施。或許在家長及其他老師面前，無法很明顯做出什麼反應。

搓揉胸部跟色狼的行徑沒什麼兩樣，即使是小孩子也不能允許！如果媽媽知道實情，爲了孩子也爲了老師，一定要有所行動。首先要讓孩子看到你好好的跟老師道歉，孩子才會知道父母親是認眞的。然後要使用「泳裝範圍」名詞，讓他們了解「不可以摸別人的胸部」。不只是老師，摸了朋友的胸部就更嚴重了！爲了避免年幼的孩子成爲「加害者」，媽媽適時出聲非常重要。

※ 這個，就算是「孩子也沒有特權」！

★好看的卡通！

兩歲的兒子對著手機說：「好看的卡通！」結果語音檢索出現的卻是「好看的男優和成人卡通」！好慘！

⬇現在即使不用鍵盤操作，使用語音也可以檢索。小孩子發音還不是很標準，一不小心就會接觸到性相關的資訊很稀鬆平常。雖說如此，這個年代養小孩，想要讓孩子完全不碰智慧型手機是不太可能的事。

遇到這種狀況，我不會立刻把手機搶過來，而是會問他「有趣嗎？」然後陪他一起看。如果是沒有問題的性愛卡通，正好可以做性教育。假如有暴力場面，我會跟他說明爲什麼有問題。然後用眼神告訴他「媽媽不喜歡這種性愛」「我不希望你看這種影片」。

身爲性教育顧問，我傾聽各界媽媽們的心聲，眞的碰過各種煩惱。有時候是「沒錯！這些大家都有經驗，所以不需要煩惱！」也有些狀況是「有新題材！這就要看我的眞本事了。」大家都非常開誠布公，有時候甚至邊哭邊說。

從中我也感受到母親對孩子莫大的「愛」，以及希望孩子永遠都幸福的心意。如果有機會能和大家碰面，請一定要讓我聽聽你「愛」的故事。

〈後記〉
讓你的孩子知道，他是因愛而出生的

在天國應該也很自在快樂的父親，是個豪爽的性情中人。

當年他跟年幼的我談起性來，絲毫沒有隱晦。

我的性教育基礎說是父親一手建立也不爲過。

每年七月七日，爸爸一定會這樣跟我說。

「女兒啊、今天是七夕喔！一年一度牛郎和織女相會的浪漫節日。所以今天爸爸和媽媽也要培養感情，絕對不可以來開我們房間的門。禁止進入喔！」

到底是七夕，還是白鶴報恩啊?!（笑）

雖然很想闖進去，但是小小的心靈總是惦記著「不可以打擾……！」

其他還有跟我說：「你是清明節那天受孕的孩子。只要知道這一點，就能夠立刻推算出什麼時候是預產期了。」藉此來教我計算懷孕期。

我也記得媽媽的生理週期，也會注意對女性而言哪些日子是安全日，哪些不是，因爲還是小學生的時候就常常聽聞。

這種不是以「秘密」，而是以「事實」角度，並且充滿愛的方式來教導「性事」，至今我仍非常感激。

所以我發現，自己自然而然的就接受「小寶寶是大人的愛情結晶」。

我是在被愛的狀況下生下來的——擁有這種終極的自我認同感，應該也是父親給我性教育的緣故。

大家也應該將這種「很愛你」的想法，多多傳達給孩子，爲他們的人生奠定認同的根基。

最後，要向全體「內褲教室」的講師們由衷說聲謝謝，要是沒有你們秉持「守護孩子的笑容」的信念，一起共同努力，根本就無法完成此書。

還有「內褲教室」成立之初就開始大力支援的樋口梨冴小姐、松永由利佳小姐、哈姆賽威弘子小姐、康德京子小姐。兩年前在沒有暖氣的會議室，草創成員只有四人的內褲教室，現在已經擴展到各地，正是因爲受到各位的支持。非常感謝！

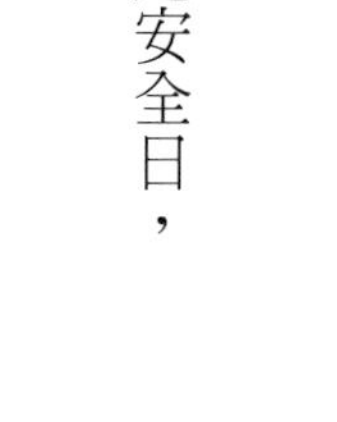

此外，藉由本次寫書而能與山口夫婦——拓朗先生及朋子小姐合作，也是萬分感謝。

如果有多一個媽媽能因爲閱讀本書，而開始與孩子快樂談論性的話題，我會深感榮幸。

圓神出版事業機構
Eurasian Publishing Group
用心與你對話．視野無限寬廣
如何出版社
Solutions Publishing
www.booklife.com.tw
reader@mail.eurasian.com.tw
Happy Family 077

媽媽！學校都沒有教我「ㄒㄧㄥ丶」——
這樣引導孩子保護自己、尊重生命

作　　者／野島那美（のじまなみ）
譯　　者／張佳雯
發 行 人／簡志忠
出 版 者／如何出版社有限公司
地　　址／台北市南京東路四段50號6樓之1
電　　話／（02）2579-6600・2579-8800・2570-3939
傳　　真／（02）2579-0338・2577-3220・2570-3636
總 編 輯／陳秋月
主　　編／柳怡如
責任編輯／張雅慧
校　　對／張雅慧・柳怡如・丁予涵
美術編輯／李家宜
行銷企畫／詹怡慧・曾宜婷
印務統籌／劉鳳剛・高榮祥
監　　印／高榮祥
排　　版／杜易蓉
經 銷 商／叩應股份有限公司
郵撥帳號／ 18707239
法律顧問／圓神出版事業機構法律顧問　蕭雄淋律師
印　　刷／祥峰印刷廠
2019年10月　初版

OKASAN! GAKKO DEWA BOHAN MO SEX MO HININ MO OSHIETEKUREMASENYO!
wiritten by Nami Nojima, illustrated by Naomi Ogura

Original Japanese edition published by TATSUMI PUBLISHING CO., LTD.
This Traditional Chinese language edition is published by arrangement with TATSUMI PUBLISHING CO., LTD., Tokyo in care of Tuttle-Mori Agency, Inc., Tokyo through Future View Technology Ltd., Taipei.

定價260元　ISBN 978-986-136-541-1

性教育絕對只有好處，「百利而無一害」！
性教育是讓孩子學習尊重生命、
增進情感、培養同理心的「愛的連結」。
而這一切都可以不假他人，由媽媽自己完成。
——《媽媽！學校都沒有教我「ㄒㄧㄥˋ」》

國家圖書館出版品預行編目資料

媽媽！學校都沒有教我「ㄒㄧㄥˋ」——這樣引導孩子保護自己、
尊重生命／野島那美 著；張佳雯 譯. -- 初版 -- 臺北市：如何，2019.10
144面；14.8×20.8公分 --（Happy Family；77）
ISBN 978-986-136-541-1（平裝）
1. 性教育　2. 親職教育
544.72　　108013606